U0907498

编 写 委 员 会

主编

杨正宏

副主编

王书敏　徐　征

执行主编

汤　蓓　张　玲

执笔

汤　蓓　张　玲　刘　钰　吴　芳

王　玲　唐　静　司宏伟　蓝旻虹

梁妍伟　程晓怡　姚春晨　曹思成

仲　秋　沙　莎　陈　萍　俞　云

镇江博物馆青少年教育

镇江博物馆 编

镇 江

图书在版编目(CIP)数据

博物知旅:镇江博物馆青少年教育案例集锦 / 镇江博物馆编. — 镇江:江苏大学出版社,2019.12
ISBN 978-7-5684-1289-6

Ⅰ.①博… Ⅱ.①镇… Ⅲ.①博物馆—青少年教育—案例—镇江 Ⅳ.①G269.275.33

中国版本图书馆 CIP 数据核字(2019)第 286182 号

博物知旅:镇江博物馆青少年教育案例集锦
Bo Wu Zhi Lü : Zhenjiang Bowuguan Qing-shao Nian Jiaoyu Anli Jijin

编　　者/镇江博物馆
责任编辑/吴小娟
出版发行/江苏大学出版社
地　　址/江苏省镇江市梦溪园巷 30 号(邮编:212003)
电　　话/0511-84446464(传真)
网　　址/http://press.ujs.edu.cn
排　　版/镇江文苑制版印刷有限责任公司
印　　刷/江苏凤凰数码印务有限公司
开　　本/889 mm×1 194 mm　1/16
印　　张/12.75
字　　数/250 千字
版　　次/2019 年 12 月第 1 版　2019 年 12 月第 1 次印刷
书　　号/ISBN 978-7-5684-1289-6
定　　价/98.00 元

如有印装质量问题请与本社营销部联系(电话:0511-84440882)

序言

党的十九大报告要求："推进国际传播能力建设，讲好中国故事，展现真实、立体、全面的中国，提高国家文化软实力"，以高度的文化自觉和文化自信，阐明了国家文化软实力的全局性意义。

在日益注重提升国家文化软实力的今天，博物馆作为一个文化的聚集地，在保护文物的同时，也肩负文化传承的使命。它是城市历史发展的浓缩，是一个城市的名片，也是人们感知历史、认识现在、探索未来的重要文化殿堂。发挥博物馆的教育功能，是继承和弘扬中华民族优秀传统文化、推进社会主义先进文化建设的重中之重。

"少年强则国强""少年进步则国进步"。青少年是祖国的未来和民族的希望，博物馆是为公众提供知识、教育和欣赏的文化教育的公益性文化机构，肩负着为青少年打造校外第二课堂的职责。

近年来，为更好地让文物鲜活起来，让历史告诉未来，镇江博物馆在青少年教育方面做了很多探索和尝试，努力做好公众教育和公共服务工作，精心设计品牌教育项目：在“乐享传统节”“彩虹手工坊”“流动博物馆”“我与博物馆”四大品牌教育项目中，通过馆校衔接教育课程进校园、社会教育拓展与延伸等丰富精彩的优秀项目教育案例，普及博物馆知识、培植博物馆受众人群，引领青少年走进镇江 3000 多年的历史 。

《博物知旅——镇江博物馆青少年教育案例集锦》的出版便是镇江博物馆馆藏资源与馆校衔接资源的优势整合，既是对镇江博物馆青少年教育工作前一阶段的总结，也是一个全新的开始。作为正在前行中的博物馆人，我们还有很长的一段路要走。

目录

馆校衔接教育课程

社会教育系列活动

获奖项目案例展示

馆校衔接教育课程

金戈铁马话古吴

探究引航

同学们，你们听说过“卧薪尝胆”的故事吗？你们对春秋战国时期有哪些了解呢？知道我们的家乡镇江在这一时期属于哪个国家吗？

探究学习

一、我们的祖先

夏商时期，长江下游宁镇地区的先民被称为荆蛮；在商代，这一地区所形成的文化被称作“先吴文化”。西周早期，镇江地区的先吴文化被注入了新的活力，一支来自于周朝的西北移民来到此地，带来了先进的农耕技术与文化，使得镇江成为后来吴文化的发源地。这支移民的首领是太伯、仲雍（图 1），他们是周文王的两位叔叔。

图 1　太伯与仲雍

二、我们的疆土

春秋时期，镇江大部分疆土在吴国境内（图 2），紧邻长江的她凭借着自己优越的地理位置成为吴国的“宠城”，吴国的国君派遣了强大的军队驻扎在这里，让他们为自己守护国土，开拓疆域。

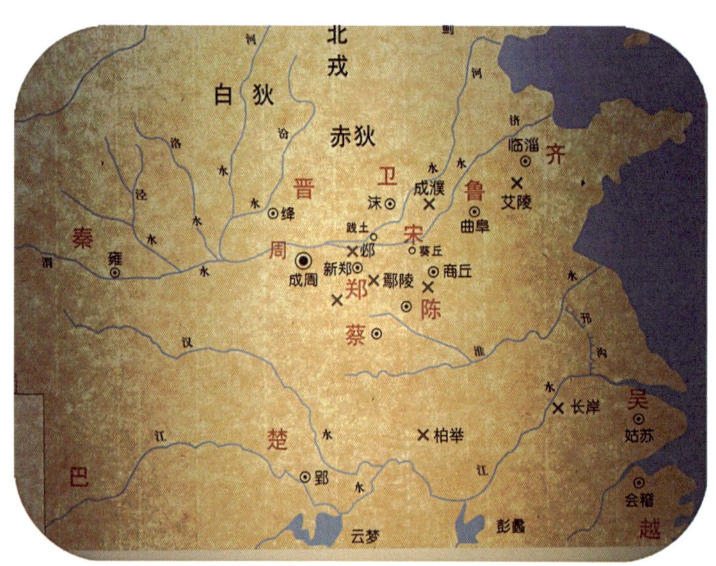

图 2　春秋时期吴国疆域图

春秋时期，吴国依江靠海。起初，吴国只是个军事小国，到了春秋中叶，在晋国的帮助下，吴国开始建立起强大的陆军。其后二三十年，吴国的军队组织取得了突飞猛进的发展，这不仅使它摆脱了楚国附庸的地位，而且成为春秋晚期的霸主。

朱方（图 3），是镇江古老的地名。《左传》记载：襄公二十八年（前 545 年），齐国左相庆封逃亡到吴国，“吴句余予之朱方，聚其族焉而居之，富于其旧”。后来，楚国借机率领中原诸国军队攻打朱方，活捉并处死庆封，这便是春秋时期著名的“朱方之役”。

图 3　“朱方”拓片

三、我们的武器

在春秋战国时期，吴国的军事力量十分强大，武器装备优良，曾经一度称霸中原。小朋友们，你们想知道当时吴国作战的兵器有哪些吗？和别的诸侯国相比，吴国的兵器又有什么特别的工艺呢？

让我们一起走进吴国金戈铁马的世界吧！

1. 背景知识

春秋时期，我国还处于青铜时代，这一时期的重要器物大多都是用青铜制作而成，尤其是在祭祀和战争中用到的物品。

图 4　青铜块

青铜（图 4）是红铜和锡、铅的合金，也是金属冶铸史上最早的合金。青铜的熔点（融化的温度）低于纯铜，但是它的硬度又比纯铜高，所以铸造性能非常好。在冶炼工艺还不是非常发达的春秋时期，青铜经常被用来制作各种器物。

2. 刀光剑影

古代战场上还有哪些兵器呢？它们都长什么样？作用又是什么呢？作为春秋时期军队作战的重要装备，青铜兵器（图 5）的铸造数量非常大，种类繁多，主要有戈、戟、矛、钺、刀、剑、匕首、矢镞等。

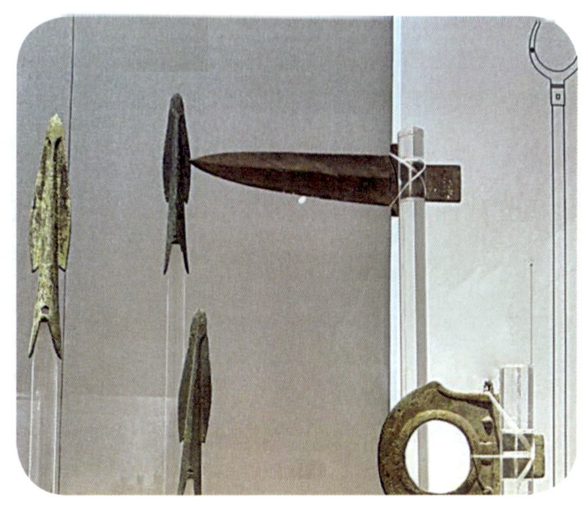

图 5　青铜兵器

戈（图 6）是用以钩杀的兵器，完整的戈由戈头、冒和末的樽构成，目前所见仅存戈头。戈有长有短，戈的每一部分都有专名。青铜戈最早见于夏代晚期，一直沿用到战国时代。

戟（图7）也是用以钩杀的兵器，形体与戈相似，但在顶端有矛的装置，这样在作战时多了一种杀伤功能。

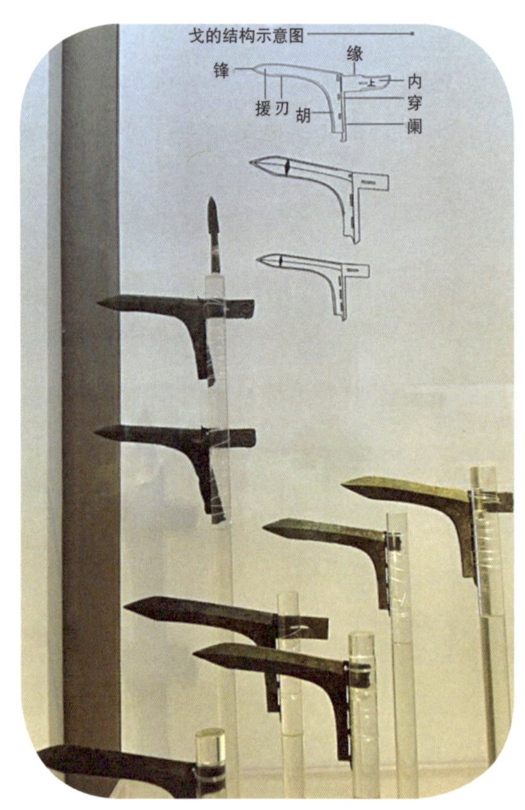

图6　戈

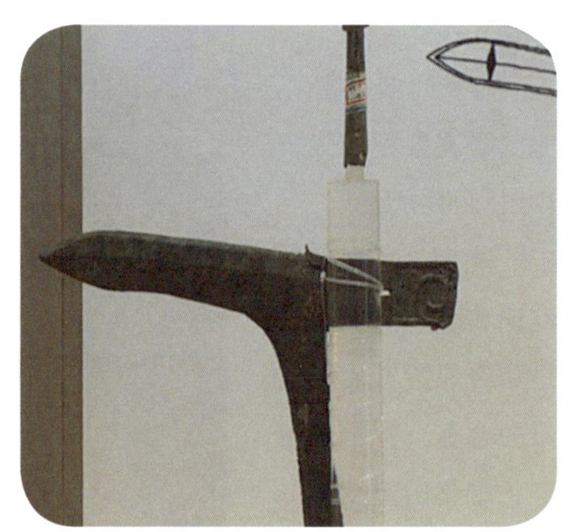

图7　戟

矛（图8）是用以冲刺的兵器，矛体分为锋刃和骹两部分，锋又分前锋和两翼，骹即矛的銎，可安长柄，矛有用整条藤制的，也有用积竹制成的。青铜矛最早见于商代早期，一直沿用到战国时代。

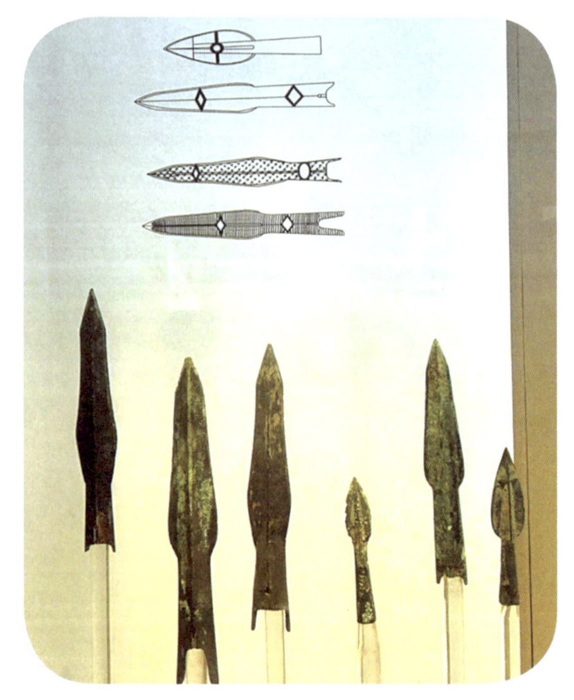

图8　矛

矢镞（图 9）是箭铤前端的锋刃，是由尖锐的锋、张开的两翼、脊和铤组成，各部分都有专名。青铜矢镞最早见于夏代晚期，之后大量铸造。

图 9　矢镞

3. 独门绝技

（1）青铜复合兵器技术

春秋战国时期，在长江流域的吴、越两国还发明了一种用来制作青铜剑（图 10）的复合技术。这些剑的刃部和脊部分别采用两种不同成分的青铜合金铸造而成。剑刃的含锡量高，比较锋利，而剑脊的含锡量低，不易被折断，因此所制成的兵器具有刚柔相济的性能，使得军队的格斗能力得到了提高。由于两种合金的成分不一样，所以兵器表面的颜色也不一样，因此这种兵器又被称作双色复合剑！

图 10　青铜复合剑

（2）几何暗花纹技术

苏州博物馆珍藏的吴王夫差剑（图 11），是目前已知存世的九柄吴王夫差剑中保存最完好的一柄，堪称国宝，世人称之为“吴老大”。它十分锋利，每一次触碰它时，保管人员都小心翼翼，一不小心就会划破手指。上面装饰菱形纹饰的技术被称为吴国兵器一绝，这种纹饰不仅有装饰的作用，还兼具防腐功能，可以说是既漂亮又实用！

图 11　吴王夫差剑
苏州博物馆藏

四、战争小故事

春秋战国时期，吴国还发生了很多影响深远的战争小故事。

朱方之役

公元前 538 年秋，朱方（今镇江）发生了一次战役，交战双方分别是以楚国为首的多国联军和吴国朱方的庆封集团。

庆封曾是齐国大名鼎鼎的权臣，在一场政变中庆氏家族被灭，庆封和部分随从逃到了南方强大的吴国。吴国的国王句余不仅接纳了庆封，还将吴国的朱方赐给了他，并让他负责搜集各国的军事、政治、经济等情报。

楚灵王继位后，一直想战胜吴国，公元前538年，楚国与蔡、陈、许、沈、徐、越等国军队一起，将兵锋指向吴国的朱方。最终，由于离吴国主力军队太远，朱方城被破，庆封家族灭亡。在这场战争中，吴国舍车保帅，保存了军事实力，为日后争霸奠定了基础。

你还知道这一时期的哪些战争小故事呢？

卧薪尝胆

公元前496年，越王勾践即位。吴国趁越国刚刚遭遇丧事之机，便发兵攻打越国，战争中吴王阖闾中箭受伤，不久便去世了。阖闾的儿子夫差即位后决定为父报仇，为了防止自己忘记仇恨，他派手下专门在宫门口守候，每当他路过此地时，他的手下便扯开嗓子喊："夫差！你忘了越王的杀父之仇吗？"两年后，夫差亲自率领大军攻打越国，两国军队在太湖一带相遇，越军大败。

越王勾践投降后带着夫人和范蠡到吴国为奴。到了吴国，他们夫妇俩住在阖闾的大坟旁边的石屋里，每天为夫差喂马，做着奴仆一样的工作。就这样过了两年，夫差认为勾践真心归顺了他，就放勾践回到了越国。

勾践回国后励精图治，勤俭节约，为了提醒自己不要忘了在吴国所受的耻辱，他专门在吃饭的地方挂上一只苦胆，吃饭前，就先尝一尝苦味。他还命人把床上的席子撤去，铺上柴草，将柴草当作褥子。这就是后来著名的成语"卧薪尝胆"的由来。

五、实践课堂

古技今学——手工铸剑

了解完吴国的战争小故事，小朋友们想不想做一做这些兵器呢？现在我们动起手来，一起DIY石膏剑吧！

图 12　石膏剑 DIY 过程

第一步： 摔泥、印模、倒模（图 12）。

第二步： 分组分工体验制作过程。

第三步： 在倒好的半成品石膏剑上进行上色、纹饰绘画等装饰，制作出自己的一把剑（图 13）。

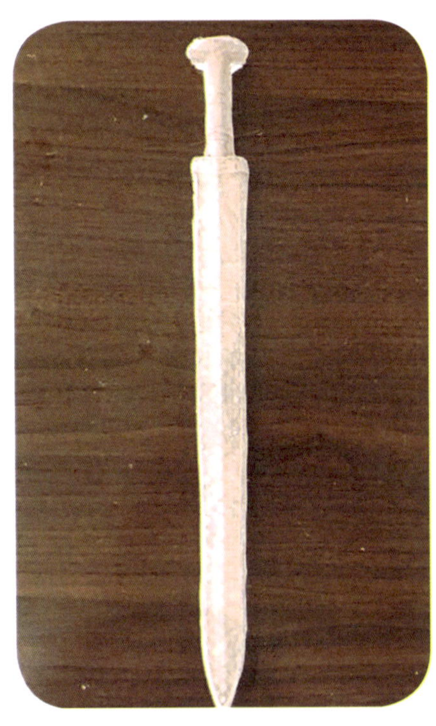

图 13　石膏剑成品

翰墨烟云绘京江

探究引航

同学们，你们知道镇江清代最有名的画家是谁吗？清代的镇江，有一群很厉害的画家，因为镇江古称京江，人们便称这些画家为“京江画派”。当时其他画家都是以临摹清初四位姓王的画家的画为正统，而京江画派的画家则提出要师法自然，认为大自然才是最好的老师。他们以镇江真山真水为表现内容，描绘山川树木、城市关津、烟霭风涛、阴晴昏晓，用笔谨细繁密，敷色柔润，逐渐形成了具有镇江特色的绘画流派 。

探究学习

——画家都有谁？

京江画派的代表画家主要有张夕庵、顾鹤庆、潘恭寿、周镐等。

我们要看懂一位艺术家的画，首先需要了解他的身份、背景和学画的经历。

一、张夕庵

张夕庵，名张崟，字宝岩，号夕道人，观白居士等。古代人既有名，又有字，有号，所以一个人的称呼很多。张夕庵早年生活环境优越，他的父亲张自坤经营布庄生意，在镇江蒜山有豪华居所，生活富足，并且家里收藏有许多古人的书画真迹，张夕庵出生在这样的家庭中，耳濡目染，幼时就受到了诗、书、画的陶冶。他五岁学画，十一二岁就能画人物、房屋。

张夕庵在青年时代就开始利用家里收藏的古代书画进行临摹，同时纵游江浙名胜，还和当时的前辈艺术家和名流广泛交往，培养了能诗善画的艺术才能。他三十一岁的时候，父亲去世，布庄交给了他的兄长轲斋。轲斋掌握经济后，就和张夕庵分家了，这使得张夕庵的经济条件大不如前，不得不卖画谋生，为了在绘画上求得出路，他由业余画人转为了职业画家。

1. 张夕庵的绘画风格

当时的画坛以“四王”为正宗，就是以清代四位姓王的大画家（王时敏、王鉴、王翚、王原祁）为主流，其他画家都是学习这四位大画家的风格，大同小异，形成死临摹古的状态。这种风气束缚了艺术创新，阻碍了绘画的发展，使得艺术局限于一种风格，不能百花齐放。

以张夕庵为代表的京江画派在绘画道路上树立起反潮流的旗帜，他首先在理论上提出了“两个师傅”，一个师傅是古人，也就是传统绘画；另一个师傅是“造化”，也就是自然界真实的景色。以古人为师，就是学习传统绘画技法，领会艺术的实质，要把古人的东西消化后变为自己的东西，不能照搬照抄。以自然为师，就是将身边的锦绣河山描绘到绘画作品中（图 1）。这种思想在当时冲破了风靡一时的正统派的牢笼，是艺术创作思想的一股清流。

图 1　张夕庵作品

2. 张夕庵作品的艺术来源

张夕庵能够用这样的方式来创作绘画，与他的家乡镇江这座历史悠久、山河壮丽的历史文化名城有密切的关系。

镇江北临滚滚长江，南倚群峦，包含金山、焦山、北固山三山，东边有圌山多变之景，西边有五洲山远眺之胜，还有南山竹林的幽静，烟波缥缈，云树掩映。

对于长期生活在镇江的张夕庵来说，他每天看到的都是云雾蒙蒙的江南山水美景。

那是怎样的美景呢？大家有没有早上在镇江爬山的经历？镇江山水有一个特点，由于空气湿度比较大，所以经常早上看见山上都是云雾缭绕。山的轮廓不是很清晰，山上的树、房屋都掩映在烟云中，烟波缥缈，犹如仙境一般。京江画派的画家经常到山中去写生，在游山玩水中随时获取创作的素材。

3. 用点作画

画家们非常想把这种美景描绘入画，但是用其他主流画家线描的方式是没有办法表现这种茫茫云雾的感觉的，所以他们就用了另外一种方式——用点作画。

让我们先来看几幅清代“四王”的山水画（图 2）。画中最明显的特点是用墨线，也就是用毛笔勾线描绘出山石的形状、质感。用线绘画是中

王时敏《江山雪霁图》
台北“故宫博物院”藏

王　鉴《长松仙馆图》
故宫博物院藏

王　翚《庐山听瀑图》
故宫博物院藏

王原祁《仿吴镇山水图》
上海博物馆藏

图 2　“四王”作品

国绘画中一直使用的方式。

我们再来看看张夕庵的画作，比如这幅《镇江十二景册页》中的《黄鹤山图》（图3），这里面的山是怎么画出来的？是用毛笔在纸上一点一点点出来的。还有这幅《蒜山图》（图4），远山上用点，近山上也用点，还有树、石头上的青苔点、草丛都是用无数大大小小、或轻或重的墨点点出来的。

图3　张夕庵《黄鹤山图》及局部

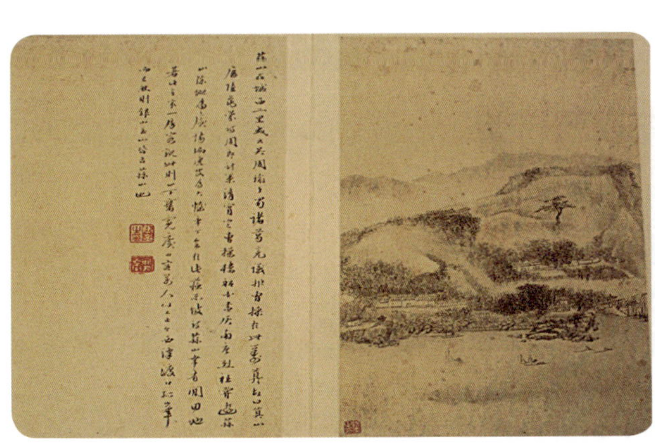

图4　张夕庵《蒜山图》及局部

用点作画这种画法是由北宋著名书画家米芾创造的，画史上把这种画法命名为“米点山水”，用这种画法画出来的山水就叫作“米氏云山”。米芾祖籍山西太原，后来移居镇江。镇江的云山烟树启发了他，于是他在前人的基础上创新，用水墨点染，充分发挥水墨融合的效果。与传统的水墨山水不同的是，米点山水不是用线勾勒树、石头和山峰的轮廓，而是用笔饱蘸水墨，纯以水墨点笔绘制而成（图5）。米点山水的画法使墨与水相互渗透，形成了模糊效果，所以画上基本看不到线条的痕迹，呈现出一种烟云弥漫、雨雾蒙蒙、淋漓变幻的朦胧之美，米友仁《潇湘奇观图》（图6）就是一例，既表现出了山石、树木、花草的形体，又表现了江南山水的独特气氛，烟峦缥缈，树影迷离，给人一种意想不到的美。

用线作画

用点作画

图5　用线作画与用点作画

图6　米友仁《潇湘奇观图》

故宫博物院藏

米氏云山颠覆了中国画重线条的传统，更具有写意性和抒情性。镇江的本土画家张夕庵、顾鹤庆、潘恭寿等就是以米芾作为自己的艺术导师，开创了京江画派，继承和再现了米芾“米氏云山”的魅力。

4. “张松”

张夕庵特别擅长画松树。他的画上都少不了松树，而且他喜欢把松树当作主体放在画幅的主要位置。他画的松树也非常有个性，比如这一幅《乔松图》（图 7），是国家二级文物，描绘的松树枝繁叶茂，生机盎然。树干挺拔俊秀，松针排列得好像小扇子一样，结构严谨工整，一笔不苟，层次分明，密而不乱。

这种画法其实也是对自然的一种艺术加工，因为江南的松树是马尾松，松针排列是有弧度的，张夕庵将马尾松作扇形排列，将松树那种不惧风雪、宁折不弯的傲然风骨描绘到了极致，这是一种将松树人格化的艺术处理。这样的画法在那时给人耳目一新的感觉，当时的人们为了称赞他的成就，送给他一个名号为“张松”。

图 7　张夕庵《乔松图》及局部

二、顾鹤庆

顾鹤庆，字子馀，号弢庵。江苏镇江人。乾隆三十一年（1766 年）生，卒年不详。个性潇洒，工诗文，善行草，好饮。

顾鹤庆比张夕庵小五岁，喜欢喝酒，不修边幅，性潇洒。由于对绘画的观点相同，两人成了莫逆之交，顾鹤庆经常向张夕庵请教画学。顾鹤庆最善于画柳树，尤其是描画柳树在不同季节的各种姿态，初春时的新柳，垂丝万条，嫩绿初绽；而夏日的柳树枝条繁茂，浓荫蔽日。顾鹤庆因擅画柳树而名噪京城，被大家称为“顾驿柳”。

1.“张松顾柳”

历来画家都认为“画树难画柳”。柳树常生长在小河边，经常出现在画乡村景色或者柳鸭之类时，但却很难与山水画雄伟险峻的画风相融合，多是作为陪衬。但是顾鹤庆却把柳树作为自己绘画作品的主角，这也是从江南水乡得到的灵感。柳树和松树、柏树、梅树等都不同，柳树一年四季变化很大，每个季节各有独特的美。顾鹤庆就抓住了柳树在不同季节的各种姿态，非常善于营造季节氛围和渲染画面气氛。

比如春天，柳树刚刚发芽，顾鹤庆就将柳树与溪水上荡漾的小渔船描绘在一起，画出了春天光临的感觉。而夏天的柳树，枝条繁茂，顾鹤庆则描绘得浓荫蔽日，一看就有凉爽之意，秀丽雅致。

张夕庵和顾鹤庆这两个好朋友，因为一个擅长画松树，一个擅长画柳树，被人誉为“张松顾柳”。

2. 顾鹤庆代表作

这一幅顾鹤庆的《山水图》（图 8），远景山峰白云缭绕，山下溪流绕屋穿林，亭台旁初生的新柳，层层渲染，密而不乱，一片生机盎然。

图 8　顾鹤庆《山水图》

《南浦渔歌图》（图 9）和《烟柳横塘图》（图 10）是顾鹤庆的代表作《徐氏云川阁十六景》中的两幅，是国家一级文物，描绘的是扬州邵伯一带的景色。

顾鹤庆的绘画笔法非常细腻，再看这幅《东皋麦浪》（图 11），甚至可以看到风从不同的方向吹过，引起麦浪一层一层起伏的动感，是不是很生动，富有生活情趣呢？

图 9　顾鹤庆《南浦渔歌图》——春天的柳树

图 10　顾鹤庆《烟柳横塘图》——夏天的柳树

图 11　顾鹤庆《东皋麦浪》

三、潘恭寿、潘思牧

潘恭寿，字慎夫，号握筼，中年受菩萨戒，又号莲巢。江苏镇江人，乾隆六年（1741年）生，卒年不详。潘恭寿和弟弟潘思牧都是画画的高手。

1.“潘画王题”

潘恭寿幼年家贫，但立志学画，拜王宸为师。王宸授以他八字画诀：“宿雨初收，晓烟未泮”，就是要他重视实景的观察。

潘恭寿的绘画成就还得力于镇江著名书法家王文治的启导，王文治当时的书法成就与宰相刘墉齐名，有“浓墨宰相，淡墨探花”（殿试第一名是状元，第二名是榜眼，第三名是探花，王文治当年是殿试第三名，所以书法史上将王文治称为“淡墨探花”）的美誉。王文治是潘恭寿终身的良师益友。在创作上，潘恭寿作画，王文治在画上题跋，他们合作了长达25年，被世人誉为“潘画王题”。

这一幅潘恭寿的《仿米山水图》（图12），远山、茅屋、杂树构成一幅烟霭茫茫的江南美景。这幅也是主要用点来描绘的，是米点山水的画法。王文治在画的左上角题写了“云烟万状”的评价。这一幅书法与绘画相互映衬，堪称珠联璧合。

图 12　潘恭寿《仿米山水图》及局部

2. 潘思牧

潘思牧，字樵侣，号髯翁、竹谷居士、樵侣老人，江苏镇江人。乾隆二十一年（1756 年）生，卒年不详。潘思牧擅长山水画、人物画。这幅《墨笔山水》（图 13），画面只用了黑白两色，通过飞白相间的互动、墨色深浅浓淡的变化来表现云烟环绕，前面点缀了寺庙、高塔、

拱桥、渔船，气势磅礴，意蕴深远。这幅画中的山、树、树下的坡石都是用的点的方式描绘的，很有早上山林刚刚起雾、烟云蒙蒙的感觉。如果仅用线描的方式就很难有这种充满水汽的表现力。

图 13　潘思牧《墨笔山水》及局部

下面是潘思牧画的两幅人物图（图 14），是不是栩栩如生呢？

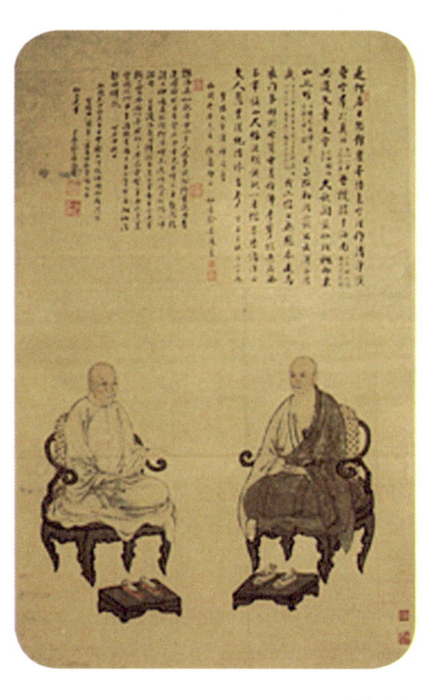

图 14　潘思牧绘的人物图

所以说京江画派画家对绘画的掌控力很强，不仅能画山水画，对于人物画也很擅长。

四、周镐

周镐，字子京，江苏镇江人。活动于嘉庆、道光年间，家境贫寒，不求做官，终生以卖画为生，故名不见于画史。他擅长山水，风格雄浑苍劲，比起几位前辈，他更善于直接根据实景作画。

周镐的代表作《京江二十四景》（国家一级文物），描绘了镇江的名胜景色，每一幅都根据地名取了非常动听的名字，如《浮玉观涛》，描绘的是清代时候的镇江金山；《梦溪秋泛》，描绘的是镇江梦溪的景色。“梦溪”指梦溪园，是沈括晚年居住、撰写《梦溪笔谈》的地方；《兽窟危亭》中的“兽窟”为兽窟山，即今镇江南郊招隐山；《北固晚钟》描绘的是北固山（图 15）。

浮玉观涛

梦溪秋泛

兽窟危亭

北固晚钟

图 15　周镐《京江二十四景》（部分）

周镐《京江二十四景》中的每一幅作品都是以家乡风光为素材，山川城郭、城市关津、溪桥流水、烟霭风涛、阴晴昏晓之状无不栩栩如生。看着他的作品，再对比今天镇江城市山林的变化，会有一种沧海桑田、城市变迁仿佛弹指一挥间的感觉。

周镐的作品受到了西方绘画的影响，有了风景画的意味。

五、继承与传承

京江画派还有很多独具风格的画家，比如张夕庵的弟子几谷，当时在焦山出家。他的作品《曝书图》（图16），描绘了镇江焦山藏书楼夏天晒书的情景。画中的竹林绘出了水渍，表现了南方竹林的烟霭之气。王文治的妹婿黄鹤，外号“黄螃蟹”，因为他画螃蟹画得精致传神（图17）。张夕庵的儿子张森，以及潘恭寿的儿子潘岐（图18）、潘圭等，也都是继承了他们父辈的绘画风格，将艺术一代一代地传承了下去。

图16　几谷《曝书图》

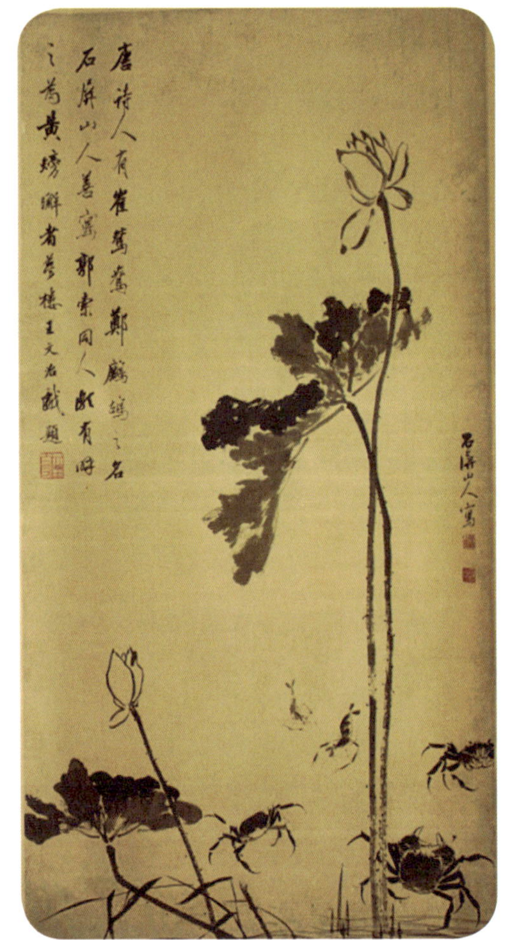

图17　黄鹤《荷蟹图》

图 18　潘岐《山水图》

六、京江风格，镇江特色

京江画派的画家非常热爱故乡，他们的画深深受到了镇江锦绣山河的影响。他们也经常以镇江的金山、焦山、北固山的风景入画（图 19）。

张夕庵、顾鹤庆、潘恭寿仔细地观察大自然，发掘山水中的天趣，用自己的画笔描画故乡的山光水色，表达自己的艺术感受。他们的画浑厚、苍郁、浓重，在当时，具有反潮流的风格，这是难能可贵的，这也是京江画派独特的“镇江特色”。有评论家评价京江画派是中国古典时期的最后一个山水画派。这些艺术家们把经典的绘画作品永远留给了后人，他们将镇江山水的魅力凝结在了画中，所以今天我们才能看到这些作品，才能看到清代镇江最经典、最美的样子。

图 19　张夕庵《金山图》《北固山图》《焦山图》

七、实践课堂

画蕴诗情，诗配画

北宋著名艺术家张舜民有诗云：“诗是无形画，画是有形诗。”画是造型艺术，诗是语言艺术，都是人们寄托和抒发情感的载体，虽然形式不一样，但在意境的追求上相互交融，彼此影响。所以，中国古代著名的画家需要具有书法、绘画、诗歌、刻印等多种艺术涵养。比如山水画家王维既是画家也是诗人，他的诗句“空山新雨后，天气晚来秋”，让人不禁联想到下过雨的山林清新悠远，联想到一幅烟雨迷蒙、水墨氤氲的风景画。古代书画家也会在画上题上几句诗来表达绘画时的感情。

所以，中国书画经历了一代一代书画家千百年的审美精神积淀，是中华民族对山川、河流、自然、人文独特的艺术感受。同学们在欣赏优美的诗句时不妨联想一下曾经观看过的中国古代书画作品，点燃自己发现美、理解美、欣赏美的能力之火，进入诗情画意的美妙境界。

那么，同学们可以为自己所学的诗词配上画吗？或者为喜欢的画配上一首情境相符的诗吗？

咏　柳

碧玉妆成一树高，万条垂下绿丝绦。
不知细叶谁裁出，二月春风似剪刀。

泊船瓜洲

京口瓜洲一水间，钟山只隔数重山。
春风又绿江南岸，明月何时照我还？

京江画派书画展览

◆ 拓展思考

1. 你能说出几个京江画派画家的名字吗？他们的艺术风格有什么不同？

2. 你最喜欢哪位画家的哪幅作品呢？为什么？

米芾书法公园

古铜镜里的文化

探究引航

同学们，你们都读过《木兰辞》，对“当窗理云鬓，对镜贴花黄”都很熟悉吧，那你们知道古人用的镜子到底长什么样子？什么时候开始出现，又是怎样制作的吗？

探究学习

“鉴”通“監”，“監”似一人弯腰，睁大眼睛，用眼从器皿的水中照看自己的面影（图 1）。

图 1　“鉴”的不同写法

远古时期，我们的祖先利用水照容。铜器发明以后，人们已知道用铜鉴（盆）盛水，以平静的水面来照面。因此铜鉴（图 2）也成为铜镜最常见的别称。

图 2　青铜蟠虺纹鉴（春秋）
镇江博物馆藏

齐家文化墓葬出土了一面铜镜（图3），造型、装饰均较原始，距今4000多年，是目前发现最早的一面铜镜。

图3　七角纹镜（新石器晚期）
青海省博物馆藏

镜分为正、反两面，正面用以照面，背面绘以各种装饰图案（图4）。

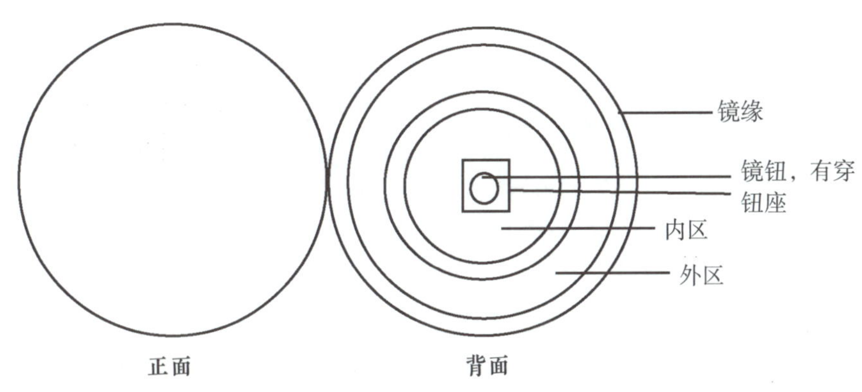

图4　古代铜镜结构示意图

两汉、唐是铜镜发展的高峰期，汉唐古镜，古朴典雅，具有很高的历史、艺术和科学价值，在中国铜镜史上极负盛名。

汉代是我国铜镜发展的重要时期，不仅在数量上比战国时期多，而且在制作形式和艺术表现手法上也有了很大发展。纹饰制作精巧，题材广泛，有各种珍禽异兽、神话故事及丰富的几何图案，呈现出五彩缤纷的局面（图5至图11）。装饰手法由平面到浮雕，边缘更为复杂。

图 5　四神画像镜（东汉）
浙江省博物馆藏

图 6　彩绘木六博俑（汉代）
甘肃省博物馆藏

玄武

白虎

青龙　　　　朱雀

图 7　四神画像镜中的“四神”

图 8　博局纹镜（东汉）
镇江博物馆藏

图 9　神人龙虎画像镜（东汉）
浙江省博物馆藏

图 10　西王母

图 11　东王公

唐代是我国铜镜发展史上又一个新的历史时期。题材更为广泛。飞禽走兽、奇花异草、人物故事占主体地位，摆脱了两汉以来神秘、怪诞的风格，更接近于现实生活的写照。同时还创造出了特种工艺镜（图 12 至图 14），如螺钿镜、金银平托镜、贴金贴银镜等，使铜镜艺术达到了难以企及的巅峰。

图 12　银背花鸟纹镜（唐）
镇江博物馆藏

图 13　海兽葡萄纹镜（唐）
镇江博物馆藏

图 14　真子飞霜镜（唐）
镇江博物馆藏

宋代铜镜较之汉唐有所创新，出现了在镜背面铸有商标铭文的铜镜。如湖州方形镜（图 15），镜铭“湖州仪枫桥南石家青铜照子”。湖州葵花形镜（图 16），镜铭“湖州周家寄居婺州炼铜照子”“每两一佰文”。宋代双凤纹带柄铜镜（图 17），制作工艺精当，整个画面如同雕刻版一般，双凤形态各异，尾部、羽翼上变化不一，给人一种不对称的美感。

图 15　湖州方形镜（宋）
镇江博物馆藏

图 16　湖州葵花形镜（宋）
镇江博物馆藏

图 17　双凤纹带柄铜镜（南宋）
浙江省博物馆藏

明清时期，人们喜欢在镜背铭刻吉祥祝语。诸如状元及第、五子登科（图 18）、金玉满堂、长命富贵、连生贵子、喜生贵子、百岁团圆、双喜五福（图 19）等。

图 18　五子登科圆形铜镜（明）
镇江博物馆藏

图 19　双喜五福镜（清）
镇江博物馆藏

铜容易与空气发生反应，因此铜镜需要经常护理，通常每星期打磨一次。《磨镜图》上绘的就是匠人磨镜的场面（图 20）。

铜镜的使用方式主要有两种：一是手持（图 21），二是置于镜台上（图 22）。

明朝以后，玻璃镜开始盛行并逐渐取代铜镜，铜镜于清中期逐渐退出人们的日常生活。

图 20　《磨镜图》

图 21　手持铜镜

图 22　铜镜置于镜台

精美的青铜镜，作为人们珍爱的日常用具，除适时打磨外，也须仔细收藏。存放铜镜的镜盒（图 23）、镜奁（图 24）等物应运而生，它们也与铜镜一样，是古人日常生活中不可或缺的用具。

图 23　镜盒

图 24　镜奁

铜镜是如何制成的呢？下面我们来了解一下铜镜的制作方法（图 25）。

青铜熔炼

制模

制范

浇铸

脱范

打磨

青铜镜成品

图 25　铜镜的制作方法

◆ 拓展思考

1. 请同学们猜猜下图中这面铜镜镜背的图案有什么？它讲的是什么神仙故事？

2. 右侧这面铜镜钮下方饰以细线刻画的老虎，钮上方长方形章式方框内有铭文：“人有十口，前牛无头角，后牛有口走”，这是个猜字谜语，打三字。

3. 下图是一面镇江本地制作的铜镜，铭文为“润州元本陈家青铜照子”。镜铭“润州”表明这面铜镜属北宋时期所造；“陈家”为作坊；“元本”说明“陈家镜”渊源之久远。根据王仲殊先生考证，北宋润州陈家可追溯到三国时期，陈家应是镇江古代制作铜镜的代表。

照子及拓片

4. 请根据下面几幅古代铜镜的照片及学到的知识，画一面铜镜。

古代铜镜范例

探究收获

1. 请你试着将铜镜与相应的年代、名称用线联起来。

唐 湖州镜

宋 博局纹镜

汉 海兽葡萄镜

2. 请你试着写出下图陈列的器物名称。

3. 同学们用电脑绘制铜镜。

座座古桥连古城

探究引航

镇江是一座历史文化名城，古桥是城市的历史文化符号，这些古桥你们都知道吗？想当年镇江也是小桥流水人家，古时候的镇江又是什么样呢？

一座城市有了水就有了活力，有了桥就有了诗意。古运河养育了一代又一代镇江人，桥则沟通了镇江两岸。

镇江的每一座桥对我们来说都有着深刻的意义和难以割舍的情感，它与镇江人、与镇江的经济、镇江的文化深深地交织在了一起。

探究学习

镇江临江（长江）通河（运河），水网纵横，古桥星罗棋布，宋代，运河从镇江城内穿城而过，志载："跨河而桥，前后惟六。"由北至南，分别是绿水桥、千秋桥、嘉定桥、清风桥、长桥和折桥（图 1）。这些桥都是运河上的桥，规模宏大。除此以外，宋代镇江城内还有三道市河流经。这些市河上也分布着众多桥梁。

清代《嘉庆丹徒县志・津梁》上，列举了 18 世纪中叶镇江所有的河上桥梁，分别为千秋桥、绿水桥（高桥）、太平桥、嘉定（利民）桥、清风（范公）桥、长桥、通济（南永关）桥、虎踞桥、镇西（拖板）桥、嘉泰桥、斜桥等，多达 55 座。这些大大小小的桥，在镇江的发展史上起着不可磨灭的作用，然而，随着河道淤塞或城市改造，这些桥陆续被填平，渐渐从人们的视野里消失了。

今天我们就来看看镇江的桥梁。

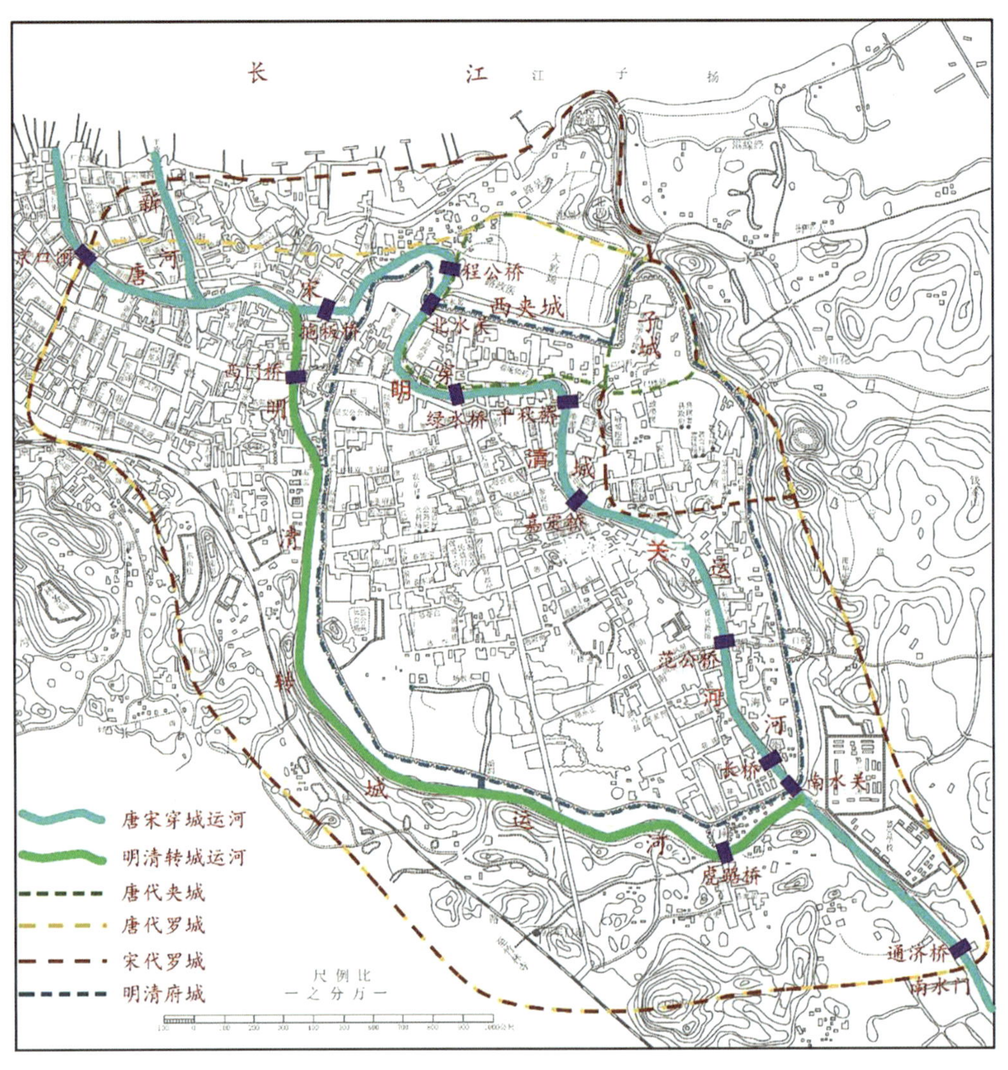

图 1　唐宋与明清城垣、运河镇江段比较示意图

一、范公桥

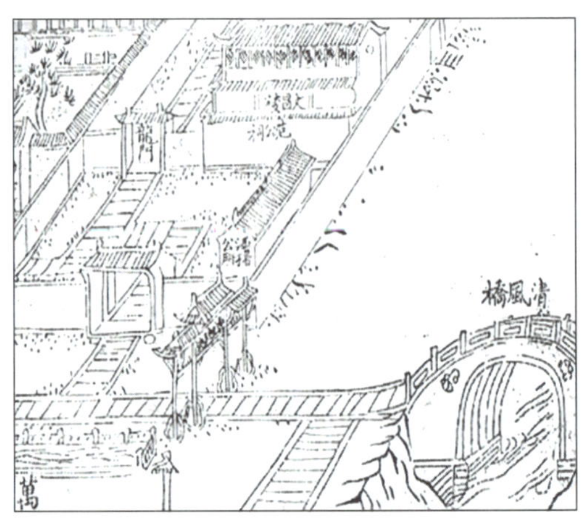

图 2　志载范公桥（清风桥）及范公祠位置图

范公桥，原名清风桥（图 2），范公指的并不是桥匠，而是宋代在镇江任职为镇江人民做过好事的范仲淹。范仲淹以“先天下之忧而忧，后天下之乐而乐”的高尚情怀闻名于世，受后人敬慕。景祐四年（1037 年），他在被贬饶州后以吏部员外郎从饶州到润州（今镇江）。史料记载，范仲淹在镇江虽只一年多，但乐为百姓办

好事，“施济于民”，积极兴办教育，“礼聘处士李靓以教士子”。他看见东门关河两岸行人来往不便，便建了一座长约40米的桥，取名清风桥。镇江人民为了纪念范仲淹，把这座桥称作范公桥（图3、图4），桥名一直沿用至今。从此，镇江有了第一座以建桥人名命名的桥梁。

图3　范公桥桥体外侧及扣船石遗迹

图4　范公桥宋代上桥的礓礤（jiāng cǎ）慢道

南宋嘉泰、开禧年间（1201—1207年），镇江知府辛弃疾又“复甃以石”，重修了范公桥。在160多年前，清代画家周镐曾画过范公桥。画中的范公桥，建有廊亭，线条流畅，层次分明，造型典雅飘逸，只可惜，今人无缘一睹风采。

二、 虎踞桥

始于明朝的虎踞桥，现在桥上依旧人来人往。虎踞桥原为砖桥，明万历年间（1576年），知府张纯改为木桥。万历二十二年（1594年），知府苏兆民又将它改为石拱桥，易名泰运桥。1853—1857年，攻占镇江郡城的太平军，曾拆毁桥面，用以与清军抗衡。1859年，善后局对其进行重修，因当时虎踞门已改称为南门，故桥名亦改为南门桥。此桥是丹阳、丹徒等南乡农民进出城的必经之地，挑柴负米者络绎不绝，独轮车过桥首尾相接。旧社会桥上下有"三条巨龙"，即柴龙、米龙、水龙（当年店肆、民家雇工从河中担水饮用），成为闻名的"清晨一景"。1982年恢复虎踞桥名称，并勒石保护（图5、图6）。

图5 虎踞桥

图6 虎踞桥外景

三、西门桥

《丹徒县志》记载：“通阜桥当金银门口，跨运河。”因通阜桥位于古城西门，后改称西门桥。清道光二十二年（1842 年）七月二十一日，鸦片战争镇江之役，英侵略军在此遭受重创后方攻入城中。初建为石桥，1936 年拓宽马路时改建为水泥桥。

民国二年（1913 年）开辟新马路时，跨运河建新西门桥（图 7），上部为木结构，下部为块石结构。原西门桥改称为老西门桥，1961 年改建为梁式水泥桥。

图 7　新西门桥

四、丁卯桥

东晋元帝司马睿之子司马裒镇守广陵（扬州），因运粮出京口河水浅涸而在此立埭，并于丁卯日建成桥，故名丁卯桥。丁卯桥是具有民族特色的单孔石拱桥，清代乾隆、道光年间曾两次修缮，但桥基仍为六朝原基。1980年丹徒因拓宽河道，于丁卯桥旁重建新桥，拆西部桥头，保存丁卯桥大部分建筑（图8）。1995年，为再次拓宽镇长路，丁卯桥被全部拆除。

图8　丁卯桥

五、玉带桥

玉带桥（图9）位于金山白龙洞前，是为纪念苏东坡与方丈佛印打赌输了玉带所建。玉带桥建于明代万历年间，由金山寺的僧人如然建造，石栏上“玉带桥”三字原为明代镇江知府吴撝谦的手笔，“文革”中被毁，后修复。现在的“玉带桥”三个字由画家李山所书。

图9　玉带桥

◆ 实践体验

你到过考古现场吗？不妨让我们来看看镇江桥梁（图 10 至图 15）的历史时刻：

图 10　宋代鸿鹤桥外景

图 11　南宋宝庆三年（1227 年）鸿鹤桥造桥纪念石刻

图 12　鸿鹤桥桥堍石兽装饰

图 13　南水关石闸远眺

图 14　嘉定初加砌的嘉定桥外壁

图 15　明代北门桥遗迹

下面我们来看下拱桥的构造（图 16）：

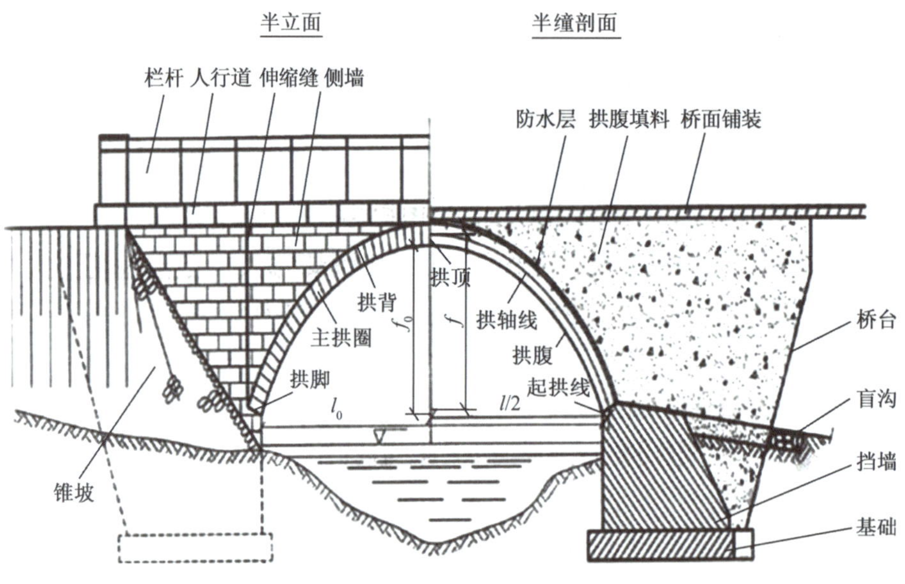

图 16　拱桥的构造

◆ 课后探究

用手边的道具尝试搭一座桥

以图 17 为例，今天我们自己来当一回建筑师，利用手边的桌椅文具等，以小组为单位，合作搭建一座桥。大家要注意桥梁的稳定结构哦。

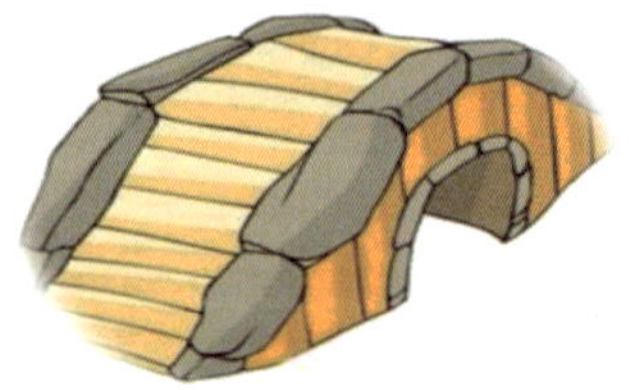

图 17　漫画中的古桥示例

说游艺，咏志气

探究引航

中国五千年的悠久历史，创造了灿烂的文化，游艺便是这文化宝库中一颗璀璨的明珠。游艺，就是游戏的艺术，是各种游戏及娱乐活动的总称，是人们以娱怀取乐、消闲遣兴为主要目的而进行的一种精神文化活动。随着时代的进步，人们的娱乐游戏也日新月异，随处可见的大型游乐场、稀奇精怪的科技创作、琳琅满目的玩具商店……无不体现当今科技时代多姿多彩的娱乐生活。可是在遥远的古代，生产力不发达，交通不便利，可以提供给孩子及大人玩耍遣乐的地方和物体都十分有限。那么我们的祖先在这样的生活条件下，是如何创造娱乐戏耍的玩物和游戏的呢？

健 体 类

想拥有一个健康的身体，除了天生的体质和基础外，后天的健体运动更为重要。你知道，古人健体类的娱乐方式都有哪些吗？

今天，就让我们一起去探寻古人的健体类游艺吧。

探究学习

健体类的游艺包括：马球、蹴鞠、斗鸡、弹弓、滚铁环、赛陀螺、跳房子……

今天我们来看一看古代的球类运动。首先请介绍你所知道的一种球类运动，并说明这种锻炼对身体有哪些益处。

一、蹴鞠

球类活动在我国历史源远流长，古代有蹴鞠、马球及捶丸等。蹴鞠，“蹴”意为用脚踢、踏，“鞠”最早是指外包皮革、内实米糠的球（图 1）。因而“蹴鞠”就是指古人以脚踢皮球的活动，类似于今日的足球。蹴鞠起源于战国时期的齐、楚两国。

图 1　鞠

刘邦称帝后，想将太公接到长安城生活，可偏偏那老头性子犟，称在老家每日与邻踢鞠习惯了，不愿来！那怎么办？于是刘邦一道圣令，在长安城东百里之处造了一座新城，把原来丰邑的居民全部迁来，每日蹋鞠作乐（图 2）。从此蹴鞠作为一项民间运动为后人所效仿。

图 2　蹋鞠作乐

汉代的蹴鞠有两种形式，一种是以音乐伴奏为主，是靠技巧踢出动作来；一种是竞技性的蹴鞠比赛。汉代有一个叫李尤的人写过一篇文章，叫《鞠城铭》，其中把蹴鞠的规则及裁判、比赛当中遵守的一些规范记录了下来，并说明当时的比赛双方各设六名队员，还有正、副裁判。这种竞技性蹴鞠除了在民间盛行，也传到了军队，著名大将霍去病在塞外征战的时候，战斗之余就是以蹴鞠来训练士兵的。

唐代的蹴鞠发生了重大变化，第一是球的变化。之前的蹴鞠用球是实心的，在动物的尿泡里面或在其他皮制器物里面塞上毛发。到了唐代，是将动物的尿泡充上气，外面用八片皮子将尿泡包起来，跟现在的足球基本一样。第二是有了球门，就是在场地中间竖一个球门，在竹竿上扎上网子以后留一个球门洞，这种形式的直接对抗性不是太强烈，讲究的是技巧性。只要把球踢进了对方的球门洞里，就算胜了。技巧性是中国古代体育的一个特点，竞技性比起西方体育来说就稍微逊色一些。

到宋代，蹴鞠基本上延续了前代的形式。上海博物馆藏有一幅元人钱选临摹的《宋太宗蹴鞠图》（图 3），表现了宋太祖赵匡胤、太宗赵光义，还有大臣赵普等进行“白打”蹴鞠的情景。“白打”就是踢出花样，可以一个人，也可以十个人一块踢，以技巧性为主，就相当于现在足球当中的颠球。

蹴鞠在唐宋以后随着文化的交流传入日本，并一直流传保存到现在。

图 3 《宋太宗蹴鞠图》（局部）

二、马球

中国马球运动自汉代就开始出现于中原地区，经过长期的演变和发展，兴盛于唐代。宋、元及辽、金时期，受唐朝遗风影响，马球运动仍比较活跃，这种状态一直持续到明朝初年。明代中叶以后直至清代，马球只是作为宫廷礼制或民间节日活动得以开展。从总体上看，在长达千年的时间里，马球是我国古代体育史上的一颗璀璨的明珠。

最早记录马球运动的诗句是东汉曹植的《名都篇》和《白马篇》。《名都篇》中有："名都多妖女，京洛出少年……连翩击鞠壤，巧捷惟万端。"联想到《白马篇》中"连翩西北驰"的"连翩"，人们认为这是最早描写汉代马球运动的诗文。

在江苏睢宁东汉墓葬出土了具有打马球图形的画像砖（图 4），也进一步印证了汉代确实存在马球运动。

图 4　画像砖中的"打马球"

在唐代诗文与绘画、陶俑、铜镜等遗存文物中，也都有"打马球"的身影，最著名的莫过于章怀太子墓的"马球"壁画（图 5）。打马球运动在最能表现唐代贵族生活的三彩陶俑（图 6）中也有体现。

图5　马球壁画（唐）

图6　三彩陶俑（唐）

扬州博物馆收藏的“打马球”铜镜（图7）也说明了这点。此镜是唐镜中的珍品。镜为八瓣菱花形，圆钮。其主纹是四个骑士打马球的图案，四人姿态各异，或驰马高举鞠杖，或回身反手下持鞠杖，或倒骑挥动鞠杖，杖法不同，表现抢球、传球、带球等不同的技击法，人与球之间衬以高山、花卉纹，生动逼真地刻画出当年在郊外运动场打马球比赛的激烈场面。

图7　“打马球”铜镜

在中美建交历史上，“小球转动大球”是现代人体育外交智慧的体现，其实早在公元710年，在大唐就上演了一出“马球外交”，让我们一起去探索体育外交的前世今生吧！

唐中宗景龙四年（710 年），在欢送金城公主入藏和亲的盛典上，中宗敕令在梨园亭子观看打马球。吐蕃使臣赞咄向中宗说，他的部下有擅长打球的，要求参加比赛，中宗答应了他的请求。比赛中，吐蕃队球艺不凡，屡胜皇宫球队，令中宗大失颜面。这时，年轻气盛的临淄王李隆基等好手自告奋勇，披挂上阵，只见他们“东西驱突，风回电激，所向无前”，尤其是李隆基若猛虎下山，出入于无人之境。最终，唐宫廷队取得了胜利，一时成为美谈。

到了宋代，马球运动称为“击鞠”，是一种骑在马上或者小驴骡上持棍击球的运动（图 8）。在宋代，打马球是宋代礼仪制度的一部分。除皇族大臣外，马球在民间也十分普及。

图 8　宋代打马球的砖雕与绢画

辽代契丹人有将死者生前的主要环境、行为等以壁画形式表现于墓中的习俗。被契丹人视为国球的马球自然成为重要题材。近年来，仅在内蒙古自治区赤峰市敖汉旗就先后在三座辽墓中发现了“马球图”（图 9）。

我国古代的马球运动在宋辽金时代进入鼎盛期，一直延续到明朝初期。它给我们带来了许多有趣的故事，也流传了不少诗篇词赋。遗憾的是，马球运动在清代后期便逐渐淡出了人们的视线。

图 9　壁画中的打马球图

三、捶丸

捶，即击打。丸，即小球。捶丸是我国古代以球杖击球入穴的一种运动项目，前身可能是唐代马球中的步打球。当时的步打球类似现代的曲棍球，有较强的对抗性。到了宋朝，步打球由原来的同场对抗性竞赛逐渐演变为依次击球的非对抗性比赛，球门改为球穴，名称也随之改称“捶丸”。

捶丸最显著的特点是场上设球穴，以杖击球。关于捶丸的最早记述，见于元世祖至元十九年（1282 年）编写的专门论述捶丸的《丸经》。《丸经·集序》中说：“视土燥湿坚岔而安基，择地平峻凹凸以制胜，拽肘运杖，击杓收窝。”捶丸的场地，多设在野外。《丸经·因地章》云：“地形有平者、有凸者、有凹者、有峻者、有仰者、有阻者、有妨者、有迎者、有里者、有外者。”

捶丸在宋、金、元三代发展大盛。上至皇帝大臣，下至三教九流，皆乐此不疲。宋代的《蕉荫击球图》生动再现了宋代孩童击球的场景。图中石前的少妇正与身旁的女子专注地观看二童子玩槌球游戏。一童子手持木拍正欲坐地击球，另一童子则向他急急喊话。图中四人的目光同时落于童子所欲击打的小小球体上（图 10）。

图 10　蕉荫击球图（宋）
故宫博物院藏

据《丸经》记载，“宋徽宗、金章宗皆爱捶丸，盛以锦囊，击以彩棒，碾玉缀顶，饰金缘边，深求古人之遗制而益致其精也”。说明宋徽宗不仅爱打球，还要晒豪华装备，他的球包是个锦囊，球杆以金子装饰缘边，顶上还有玉饰。

最形象、最完整地反映元代捶丸活动情形的，是现存于山西省洪洞县广胜寺水神庙壁画中的《捶丸图》（图 11）。该图绘在明应王殿西壁上。图中，云气和树石之间的平地上，二男子着朱色长袍，右手各握一短柄球杖。左一人正面俯身做击球姿势，右一人侧蹲注视前方地上的球穴，稍远处有二侍从各持一棒，棒端为圆球体，居中者伸手向左侧击球人指点球穴位置。这是元代民间捶丸活动的真实反映。

图 11　《捶丸图》壁画（元）

怡情类

健康的体魄千篇一律，有趣的灵魂万里挑一。在古代社会生活中，人们非常注重修身养性，大量的音乐、舞蹈等怡情方式出现在生活中，成为一个时期的风尚，并流传至今。不同时期，人们的怡情娱乐会有所不同。那么，古代人们怡情的娱乐方式都有哪些呢？与我们今天的方式一样吗？

今天，就让我们一起去了解怡情类游艺的演变过程吧。

探究学习

怡情类游艺包含：古埙、古琴、放风筝、翻绳、歌舞、手影等。

请介绍你所知道的一种古代乐器，这种乐器演奏的曲目有哪些？

这里我们讲的怡情类游艺主要是指音乐。音乐是艺术门类的一脉，是伴随着人类的出现而产生的，它是人类社会发展到一定阶段的产物。

同学们，你们知道中国古代的乐器是根据什么划分的，可分为哪几类？

可将中国古代十大乐器分类如下：

1. “金”类：钟等
2. “土”类：埙等
3. “革”类：鼓等
4. “丝”类：琴、瑟、二胡、琵琶等
5. “匏”类：笙等
6. “竹”类：箫、笛等

一、琴

琴究竟起源于何时，始终是一个扑朔迷离的问题。关于琴的创始者，总览历代文献与上古传说，有伏羲、神农、黄帝、尧、舜造琴说：

伏羲——此说历代文献记载中最为多见。如《礼记》中载："伏羲制嫁娶以俪皮为礼，作琴瑟以为乐。"《琴操》也有"昔伏羲氏之作琴，所以修身理性，返天真也"的说法。

神农——东汉傅毅《琴赋》有："揆神农之初制，尽声变之奥妙。"《世本》也说："神农作琴，又曰，琴长七尺二寸。"

黄帝——传说中，黄帝不但定律，还曾创制名为《清角》的琴曲，可见琴的发端也与其有关。

尧——《帝王世纪》曰："尧作《大章》，使无句作五弦琴，天下大和。于是景星耀于天，甘露晞于地，朱草生于郊，凤凰止于庭，嘉禾孳于亩。"宋代的朱长文著《琴史》，书中将帝尧列为全书之首："帝尧宅天下……当《大章》之作也，琴声固已和矣！"

舜——《尚书》记载："舜弹五弦之琴，歌南国之诗，而天下治。"另外，《礼记》中有"昔者舜作五弦琴，夔始制乐，以赏诸侯"的记载。

著名学者罗振玉认为，商代甲骨文中的"乐"字是"从丝附木上，琴瑟之象也"，可知商代已有琴。约成书于公元前6世纪中叶的《诗经》，载有自公元前11世纪至前6世纪约305首古代乐歌。其中"琴"反复出现于字里行间，如："窈窕淑女，琴瑟友之"，"琴瑟击鼓，以御田祖"等，说明当时的琴乐已广泛地渗透到社会生活的各个层面。

古琴，有三千多年历史，是中国历史上最为悠久，最具民族精神、审美情趣和传统艺术特征的乐器。在古琴的漫长发展中，产生了精湛的斫琴工艺并涌现出许多造琴名家，现仍有不少名琴传世，都成了珍贵的文物。琴最早是依凤身形制成，其全身与凤身相应（也可说与人身相应），有头，有颈，有肩，有腰，有尾，有足。古琴琴长约三尺六寸五分，象征一年三百六十五天。琴头宽六寸，象征六合。琴尾四寸，象征四时。著名古琴举例如下：

"九霄环佩"琴（图12），伏羲式，为盛唐雷氏作品。琴以梧桐作面，杉木为底，通体髹紫漆，小蛇腹断纹间杂细密牛毛断，纯鹿角灰胎。蚌徽，红木轸，白玉足，紫檀岳尾。

"海月清辉"琴（图13），仲尼式，南宋制作，清宫旧藏。桐木斫，髹栗壳色漆，鹿角灰胎，牛毛冰纹间梅花断。金徽，青玉足，青白玉轸，紫檀岳尾。

琴背有铭刻，龙池上方刻隶书"海月清辉"琴名，下刻篆书"乾隆御府珍藏"印

（图 14）。池左右直抵双足，刻梁诗正、励宗万、陈邦彦、董邦达、汪由敦、张若霭、等人题铭。清代曾由热河行宫珍藏。

图 12 “九霄环佩”琴（唐）

图 13 “海月清辉”琴正面

图 14 “海月清辉”琴反面

我国古代著名的琴人

春秋战国：师涓、师襄、邹忌、伯牙、师旷、孔子。

两汉魏晋：司马相如（汉）、桓谭（汉）、蔡邕（汉）、蔡琰（汉）、阮籍（晋）、嵇康（晋）。

隋唐：贺若弼（隋）、赵耶利（唐）、董庭兰（唐）、薛易简（唐）、陈康士（唐）。

宋元：朱文济（宋）、义海（宋）、苗秀实（金）、欧阳修（宋）、宋徽宗赵佶（宋）、郭沔（宋）。

明清：朱权（明）、严澂（明）、徐上瀛（明）、尹尔韬（明）、张岱（清）、徐常遇（清）、蒋兴俦（清）。

2003 年 11 月，联合国教科文组织正式批准中国的古琴艺术为“人类口头和非物质遗产代表作”，作为需要重点扶持和抢救的世界优秀文化遗产之一。

二、埙

埙是我国特有的闭口吹奏乐器，音色朴拙抱素，在世界原始艺术史中占有重要的地位。埙的早期雏形是狩猎用的石头。有的石头上有自然形成的空腔，当先民们用这样的石头投击猎物时，石上空腔由于气流的作用而产生哨音。这种哨音启发了古代先民制作乐器的灵感，于是早期的埙就产生了。

埙是中国最古老的吹奏乐器之一，在6700多年以前就出现了。在西安半坡遗址博物馆收藏有一件陶哨（图 15），当时它用作打猎时召集人的像号角一样的工具。当时只有一个小 3 度的孔，后来就发展到被当作乐器。

图 15　陶哨（新石器）
西安半坡遗址博物馆藏

埙由陶土烧制而成，音色低回、苍劲、古远、幽深，给人一种沉稳、坚毅的感觉。周朝以后，埙在雅乐中独占八音之土，为乐家所重视。

三、钟

钟是中国古代的大型打击乐器，兴起于西周，盛于春秋战国直至秦汉。中国是制造和使用乐钟最早的国家，达官贵人们就连平时吃饭也要列鼎而食，鸣钟佐餐，“钟鸣鼎食”形容的就是这种奢华场面。钟也就成为祭祀和宴飨时必不可少的重要礼器。

陕西历史博物馆珍藏的柞钟（图 16）是一套八件编钟，形制、纹饰基本相同，大小递减。后世儒家所言修礼乐可兴邦国，这种思想就是根源于西周的编钟。

图 16　柞钟（西周）
陕西历史博物馆藏

柞钟前四件各铸一篇铭文，后四件合铸一篇铭文，内容相同。大意是：柞在三年四月甲寅这一天受到周王的册命和赏赐，感到非常荣幸，因此铸钟纪念。编钟演奏时敲击中间和转角两处，中间敲出的音称为隧音，转角两处称为鼓部，敲出的为鼓音，两个音相差大三度或小三度。钟的内壁铸有调音槽。古代音律为宫、商、角、徵、羽，分别是1、2、3、5、6，到了战国时编钟的音阶就已七音俱全了。这组编钟的音域已达到了三个八度。

曾侯乙编钟（图17），战国早期文物，1978年在湖北随县（今随州市）南郊擂鼓墩曾侯乙墓出土。墓主是战国早期曾国的国君，同期出土的还有其他乐器近百件。战国时期编钟风靡一时，和其他乐器如琴、笙、鼓、编磬等成为王室显贵的陪葬重器。这套编钟是由65件青铜编钟组成的庞大乐器，其音域跨五个半八度，十二个半音齐备。它高超的铸造技术和良好的音乐性能，改写了世界音乐史，被中外专家、学者称为“稀世珍宝”。曾侯乙编钟是中国首批禁止出国（境）展览的文物。

图17　曾侯乙编钟（战国早期）
湖北省博物馆藏

曾侯乙编钟数量巨大，完整无缺。按大小和音高为序编成8组悬挂在3层钟架上。最上层3组19件为钮钟，形体较小，有方形钮，有篆体铭文，但文呈圆柱形，枚为柱状字较少，只标注音名。中下两层5组共45件为甬钟，有长柄，钟体遍饰浮雕式蟠虺纹，细密精致，外加楚惠王送的一枚镈钟共65件。钟上有错金铭文，除“曾侯乙乍（作）时（持）”外，都是关于音乐方面的。

笛子是中国古老的乐器之一，笛声悠扬动听，大家知道古代有哪些笛子演奏的名曲？

四、笛

笛子，是中国的古老乐器之一，也是中国乐器中最具代表性、最有民族特色的吹奏乐器。

大部分笛子是竹制的，但也有石笛、玉笛及红木做的笛子，古时还有骨笛。不过，制作笛子的最好原料仍是竹子，因为竹笛声音效果较好，制作成本较低。

贾湖骨笛（图 18）出土于新石器时期的史前聚落遗址——河南贾湖遗址。贾湖骨笛横空出世，无疑为我们研究中国音乐与乐器发展史提供了弥足珍贵的实物资料。贾湖骨笛是迄今为止中国考古发现的最古老的乐器，也是世界上最早的可吹奏乐器。

图 18　贾湖骨笛（新石器）

河南博物院藏

◆ 课后延伸

陕西历史博物馆有一件三彩骆驼载乐俑（图 19），请同学们观察下骆驼上面一共有几个人？

在漫长的丝绸之路上，来来往往的商人、学者和僧侣们除了听声声驼铃之外，是不是只有寂寞和无聊？当然不是！

那是为什么呢？

因为他们有一个偶像音乐天团（八仙）。

三彩骆驼载乐俑是国宝级文物，这只骆驼张口嘶鸣，舌尖上卷。最让人惊叹的是，驼背的平台上坐有八个人。其中，七个男乐俑面向外紧挨着坐成一圈，有的穿着圆领长袍，有的穿着翻领的少数民族的衣服。他们手里分别拿着不同的乐器，各自的动作也不相同，一人捧笙、一人吹箫、一人吹笛、一人怀抱琵琶、一人手拿箜篌、一人正打拍板、一人要吹排箫。在这七个男乐手中间，还站着一位女歌手，亭亭玉立，头微微上仰，右手举到胸前，左胳膊下垂，似正在唱歌。

原来在我国古代，这样的组合是很常见的：传说八仙的阵容与它刚好吻合……

图 19　三彩载乐骆驼俑（唐）
陕西历史博物馆藏

古代儿童游戏

探究引航

同学们，你们课余时间都玩什么游戏呢？是不是只有电子游戏、变形金刚和芭比娃娃？或是看看动画片、漫画书？

那古代的小孩都玩些什么呢？你们是否也曾玩过类似的游戏？

探究学习

古时游戏一般称“戏”“嬉”“游”“游嬉”。

原始时期：从十万年前的石球说起，陕西省西安半坡的母系氏族公社时期村落的遗址中发现了三个和小孩有关的石球，距今大约有七千年的历史。

从小到大，游戏伴随着我们成长。你能说一说你玩过的游戏都有哪些？其中会使用到哪些道具呢？

我玩过的游戏有：

我使用的玩具有：

下图为镇江本地出土的唐代鎏金婴戏银瓶（图 1），大家仔细看一看瓶上的图案，那时的小朋友在玩什么游戏呢?

图 1　鎏金婴戏银瓶（唐）
镇江博物馆藏

一、斗百草

斗百草，也称斗草，汉族民间儿童游戏，原为端午习俗。端午踏青归来，带回名花异草，以花草种类多、品种奇者为胜。图 2 为二童子对坐斗草。斗草习俗早在南北朝时已形成，后世由此衍生出不用实物，而以花草名相对。如狗耳草对鸡冠花，以答对精巧者为胜。

图 2　鎏金婴戏银瓶上的斗百草游戏图案

二、胡旋舞

胡旋舞（图 3）是由西域康国（今乌兹别克斯坦撒马尔罕）传来的民间舞。胡旋舞的特点是动作轻盈，急速旋转，节奏鲜明，因在跳舞时需快速不停地旋转而得名。图 3 刻有三童舞乐的场面。中间一名童子双臂外张，一足勾起，一足尖立于圆形花毡上，旋转起舞。

图 3　鎏金婴戏银瓶上的胡旋舞图案

三、投壶

投壶是一个很古老的游戏，距今已经有 3000 多年了。投壶游戏起源于西周，流行于汉代，明清时期几乎绝迹。投壶，也称射壶，是由古代射箭礼仪演变而来的传统游戏。图 4 中的投壶，壶高 29 厘米，口径 4.4 厘米，腹径 16.5 厘米，壶颈细长，腹鼓，平底，颈中部、肩部和腹部各堆有一周弦纹，造型优美古朴。古代有很多反映投壶的绘画作品（图 5 至图 7）。

图 4　铜投壶（西汉）

图 5　《投壶图》（东汉）

南阳汉画馆藏

图6　古代儿童投壶图

图7　《明宣宗行乐图》——投壶

投壶游戏规则

游戏时，准备两尊投壶（金属制、陶制均可），壶内放置红小豆，使箭矢投入后不致弹出。竹、木等材质箭矢若干，长20厘米，箭矢首锐尾钝。竹木制“算”若干，用于计算成绩。投壶开始前，宾向主人行拜礼，接受主人奉上的4只箭矢。主人答拜。宾主相互行揖礼，于宾主席上正坐，面对壶所在的方位，做好投壶准备。司射把两尊壶放到宾主席对面的席子上，分别正对宾与主人（图8），然后返回司射席位。投壶开始，令乐工击鼓奏乐。投壶之礼，需将箭矢的端首掷入壶内才算投中，要依次投矢，抢先连投者投入亦不计分，投中一箭叫一“算”，“算”放在盛算器中的8个圆孔里，宾中一箭，抽出一支“算”放右边；主中一箭，抽出一支“算”放左边，投中次数多者胜出。

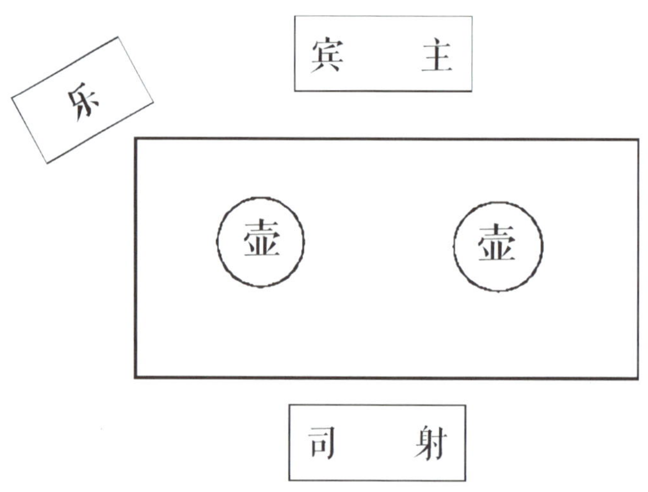

图 8　投壶之礼示意图

魏晋时也流行投壶，晋代对投壶的壶进行了改进，在壶口两旁增添两耳，因此，在投壶的花式上也增加了许多名目。宋代司马光于宋神宗熙宁五年（1072 年）写了《投壶新格》一卷，在投壶方式上有了“有初”“贯耳”“连中”等名目（图 9）。

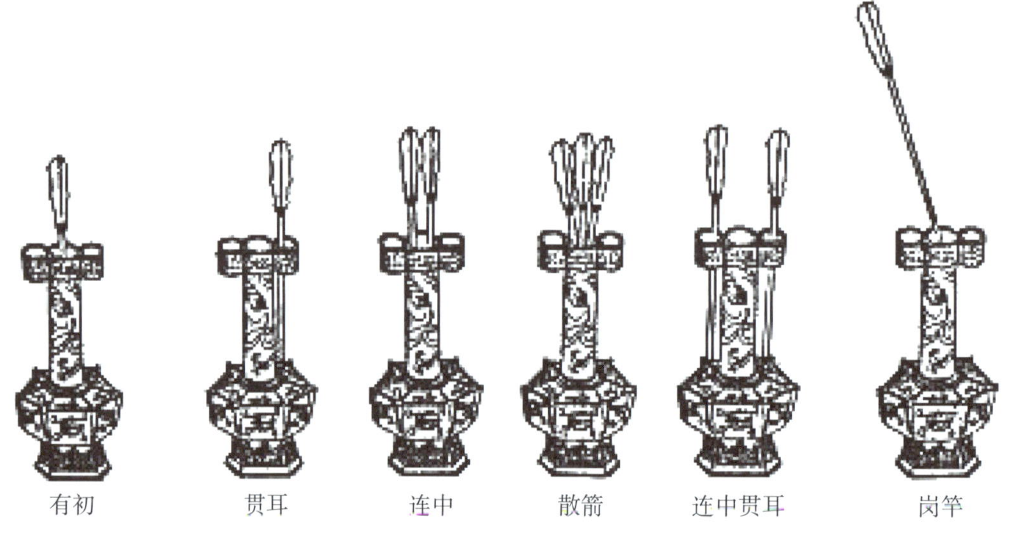

图 9　《投壶新格》中的投壶方式

四、推枣磨

在古代，儿童的游戏大多来源于大自然，利用天然的道具，玩得其乐融融。接下来，请同学们观察宋代苏汉臣这幅绘画作品（图 10），孩子们玩的是什么游戏呢？使用的是什么样的玩具呢？

图 10　《秋庭戏婴图》（宋）
台北“故宫博物院”藏

玩的游戏是：

使用的玩具是：

答案揭晓了。

其实他们的游戏很简单，你们也可以试着玩一玩。

推枣磨玩法

取鲜枣三枚，将一枣横切去半，露出枣核，再用三只竹签将其鼎足而立，枣核向上。取细长的竹篾一根，两端各安红枣一枚，置于枣核上，找到平衡点，轻轻一拨，旋转不已。还可加大难度，在竹篾两端继续添加竹篾和红枣（图 11）。

图 11　推枣磨玩法

◆ 实践体验

今天，我们都在玩别人设计好的游戏，那同学们能自己策划一个游戏项目让大家一起参与吗？要包括制定详细的游戏规则哦。

◆ 拓展思考

运动游戏：老鹰抓小鸡、丢沙包、斗鸡、弹弓、滚铁环、滚小球、摸瞎子、木头人、折纸飞机、拍纸片、赛陀螺、踢毽子、跳房子、跳皮筋、跳绳

智力游戏：下棋、玩积木、华容道、九连环

语言游戏：拍七、对对子、顶针、绕口令、猜谜

科学游戏：放风筝、翻绳、踩高跷、走马灯

文艺游戏：歌舞、儿童剧、皮影戏、手影

上面列举了很多古代游戏，也带同学们体验了这些游戏（图 12）大家看一看有哪些是现在的小朋友还在继续玩的游戏，又有哪些是已经消失了的？

这些游戏和现在盛行的儿童游戏相比，说明了什么呢？

图 12　古代游戏体验

探究收获

从镇江出土的唐鎏金小银瓶及其他几件文物上，我们了解到古代小朋友们玩耍的几个游戏类别。虽然现在的物质生活要优越于古代，但我们在精神生活方面却应该向他们学习。尽量少玩网络游戏，有机会多去听听田野的蛙声，看看森林里的蝶舞，感受大自然的美好。

社会教育系列活动

乐享传统节

项目背景

我国传统节日具有浓郁的民族特色，蕴涵着丰富的民族文化，折射出伟大的民族精神。中国历史悠久，所孕育的节日活动丰富多样，它们反映了民族的传统习惯、道德风尚和宗教观念。青少年学生是祖国的未来，担负着继承传统、传承文明的重任。为了使青少年汲取传统文化营养，继往开来，开拓创新，将传统文化发扬光大，镇江博物馆推出了“乐享传统节”这一教育项目，力图打造具有鲜明地方特色并具有时代性的传统节日文化。通过开展手工活动、展览展示活动、特色演艺活动等系列化的有关地方特色传统节日的文化活动，让青少年了解传统节日的文化内涵，激发他们对优秀传统文化的兴趣，从而增强他们保护和弘扬民族优秀传统文化的意识，提升民族自豪感。

策划理念

传统文化节日蕴含着丰富的教育资源，是对人们特别是青少年进行思想政治教育的重要素材。传统节日往往与历史文化联系在一起，蕴含着丰富多彩的文化资源，是对青少年进行爱国主义教育的重要素材。开展“乐享传统节”系列教育活动，有利于民族文化精神的普及、延续和发展，有利于培养青少年的民族心理认同和自豪感。

几乎每个传统节日都有回归家庭的主题，家庭内部关系的和谐在节日习俗中得以特别强调。“乐享传统节”项目中设计有亲子家庭活动，意在利用传统节日文化资源让青少年感受家庭中的亲情，体验并珍惜幸福的家庭生活。

活动实施

活动之一

“喜迎新春”系列活动

镇江博物馆在春节期间推出了“喜迎新春”系列活动，旨在让观众通过每年的新年册页深入理解生肖文化，并对与当年生肖有关的文物有所了解，也可以更广泛地宣传镇江博物馆在新年期间的活动。同时根据青少年的认知、理解和动手能力，设计了儿童剧的自主编排、小讲解员展厅讲解、书写春联、诗歌朗诵等板块，增强中小学生对中国传统节日和文化的了解和感情，让他们对镇江本地文化有更强的归属感。

◆ 活动目标

（1）传承地方生肖文化。

（2）增进中小学生对中国传统节日和文化的了解。

（3）培养中小学生的动手能力。

◆ 活动时间

大年初一至初五

◆ 活动板块

一、画册带你看新年

镇江博物馆每年都会根据当年的生肖设计新年宣传册（图 1），在春节期间发放给参观者（图 2）。宣传册的内容主要包括地方生肖文化、和当年生肖有关的精品文物及春节期间的活动介绍。

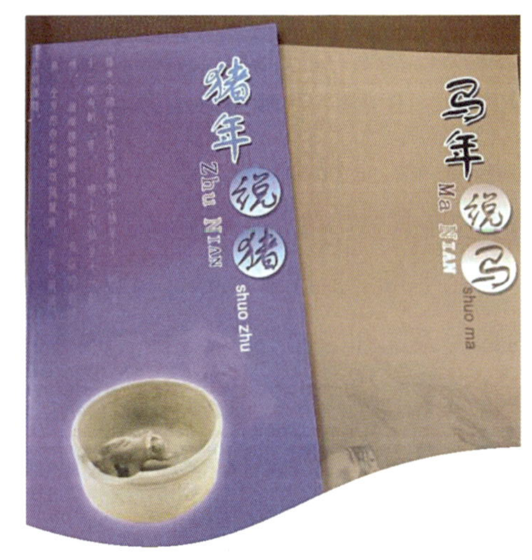

图 1　生肖宣传册

图 2　志愿者发放宣传册

活动对象：中小学生

活动准备：收集与当年生肖有关的资料

活动内容：每年春节前，镇江博物馆都会设计出与当年生肖有关的宣传册，每年限量 2000 份。宣传册图文并茂，内容丰富多彩，主要分为三部分，第一部分是搜集一些具有地方特色的生肖文化、与生肖相关的成语和谚语，向观众普及传统的生肖文化，让观众了解新年的各种习俗。第二部分是对有生肖相关元素的镇江博物馆精品文物的介绍，每年都精心挑选出造型精美、种类多样的文物，有代表镇江三千多年历史的吴国青铜器，有每个朝代都有、基本上不断代的古代陶瓷器，还有全国三大金银器窖藏之一丁卯桥金银器窖藏出土的精品文物，等等。第三部分是对每年春节期间活动的提前预告和推广，让广大市民朋友们参与到喜迎新春的活动中来。

二、新春欢乐汇

活动对象：中小学生

活动时间：大年初一、初二、初三

活动内容：春节期间，为了给观众们送上新春的祝福，镇江博物馆会为广大市民和游客提供精彩纷呈的文艺演出，每年都有两大看点：

第一大看点是由镇江博物馆自编自导融入当年生肖文化元素的剧本，在年前对选拔出的小讲解员进行排演，在春节期间进行汇报演出。例如在猴年春节，镇江博物馆通过儿童剧的形式将《西游记》中的经典故事情节进行改编，经过对小志愿者一系列的排练，推出了新春儿童剧《大圣寻宝》，形式新颖，受到了一致好评。在狗年春节，小志愿者为观众奉献了精彩演出（图 3）。这些活动既让观众感受到了新年的欢乐气氛，了解了传统文化，同时也让参与的学生们在活动中得到锻炼，并增进了同学之间的友谊。

图 3 “灵犬送福”狗年春节系列活动

第二大看点是镇江博物馆会邀请镇江本地的艺术传承人为观众呈现传统文化艺术表演，有古筝演奏、古诗词吟唱、传统舞蹈再现、书法现场挥毫、京剧表演、古代礼仪和服饰展示，等等，让观众在博物馆里度过一个热闹、祥和的春节。

三、萌娃带你寻宝带你飞

活动对象：小讲解员

活动内容：春节期间，镇江博物馆的小讲解员们负责在展厅内外给观众提供讲解（图 4）和引导服务，青少年用自己具有童趣的语言为观众提供讲解服务，讲解的主要内容为常设展厅内的特色文物、春节期间精心设置的特色展厅，以及一些展示文物和镇江历史的展牌。这些小讲解员们把文化传递给大家，用热情的服务给寒冷的冬日带来温暖，也让观众们过了一个不一样的吉祥年。

图 4　小讲解员为参观者提供讲解服务

四、翰墨飘香迎新年

活动对象：向社会招募 8~10 个家庭，以小学生家庭为主

活动材料：毛笔、墨汁、调色盘、红纸、镇纸

活动准备：在镇江博物馆一楼的广场上搭建舞台，并摆放好桌子和材料

活动内容：写春联是中华民族的传统民俗文化，表达了人们对美好生活的向往。春节期间，镇江博物馆组织“写春联，送祝福”的亲子活动（图 5），营造浓浓年味的同时又寓教于乐。春节前，会在云平台上发布活动预告，感兴趣的家庭可以通过网络或者电话进行报名。活动在镇江博物馆一楼的广场上举办。每个家庭都提前准备好材料，孩子们在家长的带领和指导下，亲手书写春联（图 6），并送给来往的观众。这项活动既可以促进孩子们与父母的关系，锻炼孩子们参与探索的积极性，又能够了解春联在春节中的意义，感受到中华民族春节温暖的氛围。

图 5　写春联

图 6　作品展示

五、诗情画意诵家乡

活动对象：小讲解员、观众

活动内容：春节期间，镇江博物馆大厅里别具特色的展板是新年里的一道亮丽的风景线。清代京江画派代表人物周镐的《京江二十四景》图册是对镇江实景山水的写照，展板便以其中的《西津晓渡》《京畿晓发》《梦溪秋泛》《北固晚钟》等图卷作为背景，再配以现代诗人描绘镇江的诗歌，让人们对镇江古时的山山水水产生无限追忆和遐思，并由小讲解员向观众讲解每块展板上的内容（图 7）。在春节文艺会演中穿插互动环节，小讲解员和观众进行互动，并和观众一同诵读描写镇江的诗歌，使青少年对镇江本地文化有了更加深刻的认识，对家乡有了更强的归属感。

图 7　诗咏镇江展览

活动之二

“欢欢喜喜闹元宵”系列活动

在中国传统文化中，元宵节既是阖家团圆的象征，也是祈福驱秽的重要节日。为了与广大市民共庆元宵，传扬中国传统文化，镇江博物馆元宵节期间举办“欢欢喜喜闹元宵”系列活动。为了帮助青少年提高对这一传统文化的理解，镇江博物馆搭建活动平台，结合历史文物精心设计了一些和节日相关的互动环节，和家长们一起帮助孩子们了解有关元宵节的传统文化，同时通过活动探索历史，获取知识，享受亲情，体验乐趣，让这个节日真正成为启迪智慧、增添乐趣的团圆节。

◆ 活动目标

（1）传承传统节日文化。

（2）培养青少年的创新能力和动手能力。

◆ 活动时间

正月十五

◆ 活动板块

一、寻宝探奇

活动对象：小学生

活动内容：为元宵音乐会做准备，组织青少年到展厅进行游学，寻找与音乐有关的文物（图 8），例如青铜器展厅里的青铜军乐器：钩鑃、錞于、钲和铎等。结合文物印发相关的手册，让他们通过连连看的方式了解这些音乐文物的基本资料（图 9），学习古代乐器的演奏方法，了解民族音乐文化。

图 8　寻访展厅

图 9　文物连连看

二、音乐盛宴

活动对象：青少年、市民

活动内容：每年元宵节，镇江博物馆都会举行一场盛大的“新春音乐会”（图 10）。每年都会邀请不同的民乐艺术家前来演出，古琴丝韵声声入耳，给观众们送上一场听觉的盛宴。在音乐会结束以后，家长可以和艺术家进行互动，一起交流探讨如何让孩子坚持学习一种乐器并保持对此种乐器的喜爱。音乐会既增添了节日气氛，也让美学走进了孩子们的精神世界。

图 10　新春音乐会

三、说文解字猜灯谜

活动对象：青少年、观众

活动内容：猜灯谜，是我国独有的富有民族风格的一种传统民俗文娱活动形式，是从古代就开始流传的元宵节特色活动。每逢农历正月十五，民间传统都要挂起彩灯，燃放焰火，后来就有人把谜语写在纸条上，贴在五颜六色的彩灯上供人猜。因为谜语既能启迪智慧，又迎合节日气氛，所以响应者众多，而后猜谜逐渐成为元宵节不可缺少的节目。镇江博物馆每年都会在大厅的展板上贴上五颜六色的写着谜语的纸条，这些谜语丰富有趣，吸引了许多观众，知道答案的观众可以直接取下灯谜进行答题（图 11），答对题目的观众还可以获得精美的小礼品作为纪念。

图 11　猜灯谜

四、巧手做灯笼

活动对象：青少年

活动准备：竹筷子、绳子、细竹签、拼插头、灯笼纸、卡纸、双面胶、电子灯

活动内容：镇江博物馆每年都会在元宵节指导孩子制作花灯，并在花灯上添加和当年生肖有关的元素（图 12、图 13）。

制作灯笼的步骤如下：

（1）将粗的竹筷子和拼插头组合在一起，做成上下框架，再将细竹签安插在上下框架的连接处，做成完整的长方体框架。

（2）用双面胶小心地将艺术纸糊在灯笼支架的四周。方法是将两张艺术纸用双面胶粘连起来，在 12 根竹棒的外侧都贴好双面胶，然后将其中一个面的覆纸揭去，接着将艺术纸平摊在桌面上并绷紧，把揭去覆纸的一面竹棒靠上去贴紧，依次贴好第二、三个面，最后在艺术纸的起端加贴一条双面胶，将艺术纸围好，并剪去多余的纸边。

（3）把电子灯旋入底座，并在底座两端贴好双面胶，靠贴在灯笼底部的竹棒上。

（4）最后再用贴纸等自由装饰灯笼。

DIY 灯笼这项活动深受青少年喜爱，既能使节日增添许多乐趣，又可以培养他们的动手能力，增进他们对传统文化的认识。

图 12　创意花灯展示

图 13　小猪灯笼成品展示

活动之三

春风四月话清明

清明节是有着悠久历史渊源、深厚文化内涵的民俗活动。是人们祭奠祖先、缅怀先人的节日，是中华民族认祖归宗的重要节日。几千年来，人们在这个“气清景明”的节气中，进行“祭之以礼”的追远活动，为已逝的祖先送上自己的思念与敬意。这神圣的生命交流仪式，一年年轮回、一代代传承，构成了人们顽强生存和追求幸福的重要动力。为了让更多中小学生了解镇江历史，镇江博物馆充分发挥博物馆的社会教育功能，不断加强地方历史文化教育宣传。通过“春风四月话清明”的活动，让中小学生树立爱民族、爱家乡的高尚情怀。

◆ 活动目标

（1）让中小学生了解清明节的民风民俗。

（2）帮助中小学生树立正确的价值观，让他们牢记历史。

◆ 活动时间

清明节期间

◆ 活动板块

活动对象：中小学生

活动内容：清明节是我国的传统节日，也是最重要的祭祀节日之一。为了更好地普及传统节日民俗文化，镇江博物馆社教员走进中小学为孩子们介绍清明的由来、变迁和风俗习惯等知识（图 14、图 15），还和中小学生一起开展手工活动，制作寄托哀思的小白花等，并配合班级社会实践活动组织宣讲，把丰富多彩的图片、故事和诗歌等做成 PPT，和学生进行互动，让他们能更加形象和直观地了解传统节日的民俗文化。

镇江博物馆也不断赋予清明节更加丰富的文化内涵，引导广大师生铭记历史，缅怀先烈，进一步激发广大师生的爱国爱乡情怀，弘扬以爱国主义为核心的伟大民族精神，让青少年在了解历史文化习俗的同时，懂得“感恩纪念”，牢记前人的艰辛，珍视今天的生活，也懂得“催护新生”，重视人与自然和谐的理念，进而促进人与人、人与社会的和谐关系，形成积极向上的人生观与价值观。

图 14　清明节小讲座

图 15　清明节活动进校园

活动之四

畅享端午

“端午临中夏，时清日复长。”端午佳节，古风流长，为进一步引导中小学生更好地继承和弘扬中华优秀传统美德，镇江博物馆以端午知识及习俗为主题，通过多种教育方式，让中小学生在体验、参与和创新中学习传统，提高孩子们的爱国意识和民族自豪感。这一活动为更好地保护、传承、弘扬优秀的民族文化起到了一定的推动作用。

◆ 活动目标

（1）传承中华传统节日文化。

（2）弘扬优秀的民族文化。

（3）增强青少年的民族自豪感。

◆ 活动时间

端午节期间

◆ 活动板块

活动对象：向社会招募几组家庭

活动准备：艾草等传统药草、锦缎、针线、纸、铅笔、橡皮、彩铅

活动内容：挂艾包是镇江端午节必不可少的习俗之一。节日期间，镇江博物馆策划了做艾包（图 16）和绘龙舟（图 17）等亲子活动。在指导老师的带领下，家长与孩子分工协作。

以做艾包为例，艾包的制作步骤如下：

（1）选择一块绿色不织布。

（2）把不织布卷成桶状。

（3）用针线进行缝制，先缝制中间和另一边的侧面。

（4）填充棉花和艾草药包 ，放一半棉花，放一些艾草，再放些棉花盖住艾草，注意艾草不宜过多，少许就行。

（5）进行封口，用针线把口部缝住。

（6）在艾包表面进行 DIY 创意，可以做成传统的、卡通的，也可以做个娃娃的脸或者戴个帽子和蝴蝶结。

图 16　端午做艾包

图 17　端午做龙舟活动

经过一系列的画、剪、贴后，一件件造型各异的艾包便诞生了。亲子互动加深了孩子和家长的感情，同时也让传统文化更加深入人心，为端午节增添了别样的节日温情。

活动之五

花好月圆过中秋

农历八月十五是我国传统的中秋节，圆月被视为团圆的象征，中秋之夜月色皎洁，诵诗、弄弦成为文人三五雅聚、寄情天地的方式，充满了浓厚的文艺情趣。镇江博物馆策划组织中秋主题系列活动，让参与者在诵诗、赏花、品茗、听琴等雅趣中了解中秋风俗、传承民族文化、弘扬民族精神。

◆ 活动目标

（1）让青少年了解中秋节的风俗习惯。

（2）激发青少年热爱祖国、热爱家乡的情感。

（3）传承民族文化、弘扬民族精神。

◆ 活动时间

农历八月十五

◆ 活动板块

活动对象：中小学生、市民

活动地点：镇江博物馆后山、英国领事馆旧址

图 18　游园

活动内容：中秋佳节，游园是传统习俗之一。每年镇江博物馆都会举行中秋游园活动。工作人员带领中小学生参观博物馆后山（图 18）的美丽景致，游览刺绣园、大小喷泉、水剧场等，感受英国皇家园林的风采。在参观英国领事馆旧址（图 19）时，向他们介绍镇江近代史和英国领事馆的前世今生，让他们对这段历史更加了解。

图 19　英国领事馆旧址寻访

在参观完后山及英国领事馆旧址以后，开展镇江博物馆精心策划的“诗琴花茶共一席”主题活动。活动分成四个板块。

第一板块：“诗中有月——中秋诵读。”镇江博物馆组织小讲解员以诗会友，通过朗诵、解读以“镇江”“中秋”为主题的经典诗歌、散文，感受传

统佳节的文化魅力，同时也通过诗歌了解自己的家乡。

图 20　茶道表演

第二板块：“怡情品茗——茶道表演。”镇江中艺茶道场茶艺师在后山平台上进行茶道表演（图 20），让观众在感受后山美丽景色时，领略茶艺完整的礼仪规范和优秀的传统美德。

第三板块：“琴瑟萧萧——古筝展演。”镇江市的古琴古筝爱好者也齐聚博物馆（图 21），在茶香中演绎一段段精彩乐章，让观众在余韵悠扬的“太古”“天地”之音中感受远古之思，体会其中的人情哲学。

图 21　古琴演奏

第四板块：“花前月下——茶艺展示。”由专业的插花师给观众带来插花表演（图22）。插花与茶席又是密不可分的，茶道表演中穿插插花技艺，让观众在姹紫嫣红中体会别样的芬芳。

图 22　插花表演

实施效果

中国传统节日根植于中国古代农耕文化，在长期的流传过程中形成了自身独特的文化内涵，体现了强大的文化凝聚力与生命力，在社会发展进程中具有非常重要的作用。镇江博物馆“乐享传统节”系列活动配合中国传统节日开展，具有鲜明的时效性和文化标识性。把丰富的中国传统节日民俗活动以主题教育的形式进行重新设计并开展综合实践活动，有利于中小学生接受和感知民俗活动的多面性，有利于他们继承和弘扬民族传统精神，锻炼和培养他们的创新能力，增强民族情感，从而促进他们的全面发展。这项活动也是镇江博物馆推广中国传统文化的重要举措，获得了较高的社会评价，真正做到了生活中不可无节日，节日里不可无活动。

推广价值

中华传统节日包括春节、元宵节、清明节、端午节和中秋节等，这些节日连接起来就是一幅丰富而浪漫的历史文化长卷，多姿多彩，令人陶醉。镇江博物馆通过这些节日活动的开展，打造出了具有地方特色并具有时代性的传统节日文化，准确把握了当地群众的文化需求，构建形成了演艺活动、展览展示活动、手工活动等系列化的地方特色传统节日文化活动，充分调动了群众的参与热情，促进了传统节日文化活动内容和形式的创新，很好地满足了群众的节日文化生活需求，使传统节日的影响得到了有效提升。

彩虹手工坊

项目背景

镇江历史悠久，手工业发达，文化底蕴深厚。传统技艺作为非物质文化遗产的重要组成部分，体现了中华民族的文明与智慧，展示了中华民族的创造力和生命力。如何让更多青少年感受传统文化、传承古老技艺，也成为博物馆社会教育工作的重中之重。

一直以来，传统文化和技艺的传播都是各类社会教育机构特别是博物馆热衷的社会教育内容，但你是否想过，传统技艺遇上时尚的现代元素会擦出怎样的火花？作为地方文化精髓的收藏之所，镇江博物馆开设了“彩虹手工坊”这一教育项目，通过内容丰富、形式活泼的手工活动，以玩中学、学中玩为宗旨，让孩子们在动眼、动手、动脑中感受传统文化的魅力。

策划理念

博物馆的社会教育，特别是针对性较强、以培养孩子动手能力为主要目的的教育与传统的课堂教学存在很多相似之处，教学方法也存在很多相通之处，但博物馆社会教育有着自己的特点。与传统的课堂教学方法相比，博物馆的社会教育主要是通过组织活动发生作用，既包含传统教学方法中的讲授、谈话、讨论、参观等方法，同时又借鉴了现代教学方法中的发现法、探究法，因而体现了博物馆社会教育方法的多样化。

“彩虹手工坊”项目秉持“玩中学、学中玩”的教育理念，针对不同活动对象的生理、心理特点，采用不同的教学模式与教学方法，充分调动孩子们的积极性，培养他们的创新能力，让他们不断地发现自我、提升自我。

活动时间

寒暑假、节假日

活动对象

中小学生

活动实施

活动之一

击拓传千——感受拓片的魅力

拓片是一种记录中华民族文化的重要载体。凡历史、地理、政治、经济、军事、民族、民俗、文学、艺术、科技、建筑等都可以从拓片中找到有益的材料。广义的拓片就是将宣纸蒙在器物表面用墨拓印来记录花纹和文字，数量、内容之丰富可谓包罗万象，如甲骨青铜、碑刻墓志、摩崖造像、钱币、画像等，狭义的拓片主要指碑拓。镇江书画碑刻资源尤其丰富，至今还保存着从宋代一直闻名至今的焦山碑林。作为碑刻上的黑白艺术，拓片的制作也成为镇江地方的传统技艺。

◆ 活动目标

（1）传承中华传统文化。

（2）走进家乡地域文明。

（3）培养青少年的动手能力。

◆ 活动准备

（1）活动材料准备：铜镜、带铭文砖、古钱币、馆藏“凤”纹饰“3D”拓板、拓包、宣纸、鬃刷、毛笔、白汲水（熬制）等。

（2）活动场地准备：桌、椅、电脑、投影等。

◆ 活动版块

1. 拓片知识分享

通过 PPT 讲座的方式，让孩子们了解镇江碑刻文化、拓片的过去与现在，欣赏各类材质上的拓片图片，由讲解员介绍拓片的制作方法（图 1），最后让孩子们现场触摸拓片成品。

图 1　讲解员介绍拓片的制作方法

2. 拓片制作

（1）拓包制作及用纸。根据被拓物品的尺寸，用蓝棉布、棉花、棉线等做成直径大小不同的拓包；根据不同拓品的大小，将宣纸裁剪成合适的大小。

（2）裁完纸后，将铜镜、钱币等表面的脏物用工具小心剔除，随后小心翼翼地将纸覆在铜镜、钱币、墓志砖上，用准备好的大号干毛笔轻轻在纸上刷上调好的白汲水，随后用鬃刷将器物的纹路刷出，并将气泡轻轻刷挤出去。

（3）拓纸七八成干时用拓包上墨。先用毛笔将墨均匀地擦于拓包上，随后向纸上轻轻拍打上墨（图 2），第一次上墨时墨汁要干且浅，以后逐次加浓，上墨不宜太浓太潮，以七成干为佳。要求手腕用力均匀，恰到好处，多次均匀拍打后黑白分明的拓片便会跃然纸上。

图 2　制作拓片

图 3　起纸

图 4　成品展示

（4）起纸（图 3）。取下拓片的最好时机是拓本八至九成干时，顺着一个方向轻揭拓纸，平放在事先预备好的报纸上，自然晾干。

制作拓片的每一过程都要十分精细，这可培养孩子们的耐性与动手能力。整个过程所用到的拓包、糨糊均采用传统方法制作，更加贴近我国古代技艺。“一印一刷看似简单，操作起来还是具有挑战性的。”一位家长感慨地说。活动结束后，孩子们与自己的作品进行合影（图 4），整个活动不仅锻炼了孩子们的动手能力，而且还让他们乐在其中，感受到了拓片的传统魅力。

活动之二

多彩古韵——感受版画的魅力

除了各类历史文物，镇江博物馆还收藏有大量近现代本地艺术家的版画，画作主题丰富，制作精湛。活动中，镇江博物馆在充分利用馆藏文物资源的同时，创新版画制作方法，让孩子在学习传统技艺的同时感受文化之美。活动以馆内吴国青铜器特色展厅文物为作画素材，在版画制作中用废弃的 KT 泡沫板代替传统木板，利用泡沫柔软易破的特点，以笔代刀，同时将多彩的颜料运用到版画的绘画上，从另一个角度诠释文物之美，让孩子们在快乐中体验版画的魅力。

◆ 活动目标

（1）传承中华传统文化，培养孩子们的环保意识。

（2）走进家乡地域文明。

（3）培养孩子们的动手能力。

◆ 活动准备

（1）活动材料准备：KT 板、画笔、颜料、白纸、铅笔。

（2）活动场地准备：桌、椅、电脑、投影等。

◆ 活动版块

1. 版画小常识讲座及经典阅读

丰子恺是中国杰出的散文家、漫画家，也是著名的版画大师。文学、绘画和音乐是伴随他一生的三样东西，儿童是他作品里最重要的角色，也是最具有感染力的部分。活动从丰子恺的人物简介切入，通过阅读文学经典引入版画主题，并介绍版画的历史、制作技艺等常识，同时欣赏许多优秀的版画作品。

2. 我身边的版画大师——徐银东

徐银东先生是镇江本地著名版画家，三十多年来一直活跃在美术界，其版画作品也曾多次入选省市美术展。2013 年，他是镇江入选全国第十二届美术展版画的第一人。活动中博物馆邀请了徐先生向孩子们介绍中国传统版画的制作方法，展示了部分优秀的版画作品，还与孩子们近距离互动，充分调动了孩子们制作版画的兴趣。

3. 创意版画制作

（1）展厅寻访。寻找属于自己的版画题材，不限主题，可以是整件器物，也可以是器物上的局部（纹饰、构件造型等）。

图5　现场教学场景

（2）先由讲解员讲解制作过程（图5）。活动中用KT板代替传统木板。孩子们先用铅笔在KT板上画出自己选好的题材，然后用铅笔将画的线条加深（图6），最后采用传统的凹版画或凸版画的制作方法，将不需要的部分抠除。

图6　制作版画

（3）上色。用毛笔将水粉或者是丙烯颜料涂于画上，上色过程要迅速，颜料干湿适中，上色速度要快。

（4）迅速用白纸覆盖刚上完色的底板，动作需小心并一气呵成，注意白纸在覆盖底板后不可二次挪动。覆盖后用滚刷稍微用力来回滚动，期间纸需与底板紧密贴合。

（5）小心将纸顺着一个方向揭开，放置在事先准备好的报纸上自然晾干。

（6）展示版画成品（图7）。

注意事项：

调颜色的水分不能太多或太少，不然画面会模糊不清或印不出来；底稿和印稿不能移位，不然印出的形象就会偏离方向；得事先用夹子夹住边缘；上色时先印淡色，再印深色，这样覆盖色泽清晰；如果有文字，在底稿上要写镜面字，印出来才能形成正文。

活动中我们创新地用废弃泡沫板代替木板进行制作，以全新的方式回归传统，让孩子们在快乐中体验，在体验中获得快乐。

图 7　版画作品展示

活动之三

远古探秘——奇思妙想的“画”石

大约距今 1.3 亿年前，人类还没有出现，中国北部还是一片山清水秀的乐土，那里生活着成群的鸟、兽、虫、鱼和茂盛的树木、花草。它们在那里繁衍生息，创造出了别样的繁华世界。随着时间的流逝，保存完整、精美的化石告诉我们，它们曾经如此美丽。

由镇江博物馆承办的“辽西古生物化石展”展览，将数亿年前的世界展现在了观众的面前。为了让观众更加了解远古世界，镇江博物馆配合展览举办了“远古探秘——奇思妙想的‘画’石”教育活动，增加了展览乐趣。

◆ 活动目标

（1）带领孩子们走进奇妙的古生物世界。

（2）培养孩子们的想象力。

（3）培养孩子们的动手能力。

◆ 活动准备

（1）活动材料准备：颜料、笔、化石、电脑、投影，宣传册页等。

（2）活动场地准备：桌、椅、电脑、投影等。

◆ 活动版块

1. 头脑风暴——玩转展厅

你喜欢《侏罗纪公园》吗？恐龙蛋到底有多大？世界上最早的花是什么？活动开始前，镇江博物馆精心设计了生动有趣、互动性强的宣传册页，除了有对展厅的介绍，还设置了互动问答题，孩子们带着问题走进展厅（图8），接受了“头脑风暴”洗礼的同时，还获得了精美的小礼品。

图8　玩转展厅

2. 石头的故事——我与化石的亲密接触

与化石零距离接触想必是每个好奇宝宝的愿望。为了让孩子们对展览有更直观的了解，展厅探秘结束后，镇江博物馆还为孩子们准备了科普影片，继续探索恐龙的遗迹，了解科学家探索发现化石的过程，另外还准备了各种来自远古时代的化石。孩子们每人都分到了一定数量的化石原石，种类丰富，每件化石都可以上手触摸哦！

3. 创意指尖——奇石 DIY

图 9　奇石 DIY

秉着寓教于乐的原则，轻松有趣的手工活动自然也是少不了的。为了激发青少年的想象力与创造力，活动的最后环节便是“奇石 DIY”。博物馆社教工作人员从山上精心挑选了各种石头，由孩子们选出自己喜欢的那块。孩子们依据每块石头的颜色、形态，充分发挥自己的想象力，在上面作画（图 9）。孩子们在石头上用画笔作画，最后形成了一件件创意十足的工艺品，实在是美不胜收！（图 10）

图 10　我与“画”石的合影

一直以来，镇江博物馆始终坚持“寓教于乐”的未成年人教育宗旨，精细设计既有趣味又有“学头”的教育活动。此次“远古探秘——奇思妙想的‘画’石”活动以内容新颖的临时展览为基础，活动融合“学”“看”“听”“摸”“做”，既向青少年普及

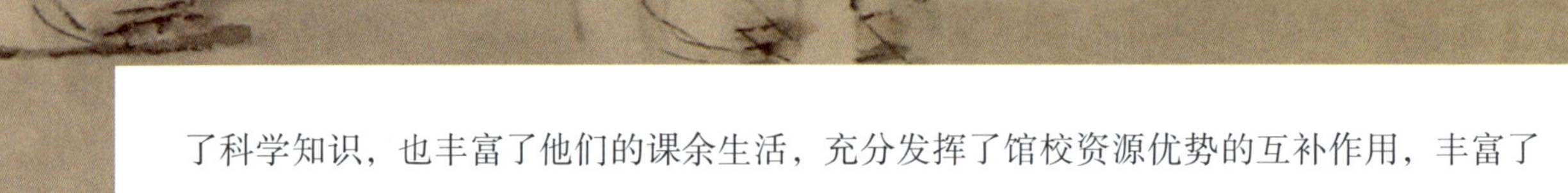

了科学知识，也丰富了他们的课余生活，充分发挥了馆校资源优势的互补作用，丰富了博物馆社会教育的内容。

活动之四

小裁缝养成记——巧手做汉服

汉服体现了中华民族独特的风貌性格，区别于其他民族的传统服装和装饰体系，是中国“衣冠上国”的体现。春秋战国的深衣胡服、汉代的锦绣长袍、唐代的襦裙服……历经千年的发展，汉服自身内部体系已经非常完备，服制成熟，种类丰富，配饰繁多。

为了弘扬汉服文化，镇江博物馆通过 PPT 讲座、现场展示及亲手制作等方式，让青少年在亲身体验中感受传统文化的魅力。

◆ 活动目标

（1）传承中华传统服饰文化。

（2）培养青少年的创新能力。

（3）培养青少年的动手能力。

◆ 活动准备

（1）活动材料准备：KT 板、拼布、锥子、剪刀等。

（2）活动场地准备：电脑、多媒体等。

◆ 活动版块

以家庭为单位，给每组家庭发放 KT 板、拼布、锥子、剪刀等。

1. 讲座

借助 PPT，开展“盛世霓裳”中国古代女子服饰讲座。

2. 汉服拼布画制作

（1）演示拼布画制作过程。拼布画是指根据衣服不同部位的形状裁剪出各色布料，将这些布料“缝”进事先勾勒好线条的 KT 板并粘牢的一种用布作画的创作形式（图 11）。

图 11　讲解员讲解拼布画的制作

（2）动手制作。将布按照衣服的不同部位进行比对、修剪（布料边缘要比衣服的实际轮廓多出 2 ~ 3 毫米，不宜过多或过少。在两块布的交接处，边缘适量少留空余）；锥子与 KT 板呈 30 度左右夹角，用锥子将布料的边缘压进衣服线条的缝隙中，食指用力，轻划边缘的同时加向下的压力，直至将所有多余的边缘都压进 KT 板中（图 12）。过程中注意不能用锥尖直接戳压布，防止布料变形损坏。

图 12　制作拼布画

（3）调整、装饰。将所有的布料压进 KT 板之后，整体造型初步完成，青少年可发挥自己的想象，利用剩余的材料制作衣服上的各类装饰，然后用胶水进行粘贴，作品就完成了（图 13）。

图 13　成品展示

活动之五

可爱的“泥”鸳鸯——我和姐姐学捏塑

早在新石器时期，我国就已经出现了陶器。在不断的实践中，老祖先们慢慢掌握了成熟的陶器制作技术，发明了包括按压、刻画、戳印、模印、捏塑、堆贴等陶器装饰手法，创造出了一件又一件精美绝伦的陶器。此项活动不仅培养了青少年的动手能力，而且让他们了解了陶器装饰艺术，学到了陶器的装饰和制作方法。

◆ 活动目标

（1）传承中华青铜器文明。

（2）宣扬家乡地域文明。

（3）培养青少年的创新和动手能力。

◆ 活动准备

（1）活动材料准备：太空泥、相同长度的竹签、海绵垫、剪刀等。

（2）活动场地准备：桌、椅。

◆ 活动版块

1. 展厅寻访

带领青少年到青铜器展厅了解古吴文明，探秘青铜器里的奇妙世界（图 14）。

图 14　青铜器展厅寻访

2. 动手制作“泥”鸳鸯

镇江博物馆收藏的鸳鸯尊造型稚拙可爱，线条流畅，代表了吴地的青铜文明。活动选取鸳鸯尊为原型，让青少年动动小手，做出可爱的“泥”鸳鸯。具体步骤如下：

（1）尊足制作。将约为大拇指大小的太空泥搓成粗粗的圆柱形；竹签从中心部位戳到整体的三分之二处，露出竹签头；将底部三分之一没有竹签的太空泥弯曲成脚掌状，并捏出三个脚尖；将上部有竹签覆盖的太空泥，按照上粗下细的形状捏出腿部造型；两条腿捏好后进行对比，将不协调的部位用剪刀微调，置于平面晾干、定型；将太空泥搓成一根长条，螺旋状缠绕竹签。

（2）尊身制作。按腿脚比例，选取适量的太空泥做身体。将选取的太空泥用双手搓成椭圆状，使表面尽量光滑；椭圆形搓好后，选取合适的一端，用大拇指和食指将其捏平作鸭尾，微调成下垂状；完成身体造型后，将其放置在海绵垫上定型，防止底部变形。

（3）尊口制作。选取比身体部位少三分之一量的太空泥做鸭尊的器口部分，将选取的太空泥用双手搓成椭圆状，将大拇指从中心戳进去，形成空心状；用大拇指、食指将口沿处捏平，捏好后放置在海绵垫上定型。

（4）头部制作。将太空泥搓成上细下粗状，上部与下部形成倒“S”形；将上部捏平作鸭的面部，搓一根极细的太空泥，放置在面部上方形成冠，选择橙色太空泥，搓成扁长条状作鸭嘴，贴于面部；将下部与已完成的鸭身贴合。

（5）各部位组合。将器口与尊身粘合；将腿部竹签插入已黏合的整体尊身；组装完成后，将鸳鸯尊平放在海绵垫上定型。

（6）成品展示（图 15）。

图 15　鸭形尊展示

实施效果

“彩虹手工坊”项目下的系统活动自推出以来，很快就被预定一空，受到广大家长和孩子们的热烈欢迎，有些活动还接到了来自社区、学校、社会的预约，影响力十分广泛。活动自推出以来，也受到了媒体的广泛关注，《镇江日报》《京江晚报》、民生频道、新闻频道等多家媒体也对活动进行了跟踪报道。

作为社会教育的重要文化机构，镇江博物馆充分挖掘地方文化资源，在追求“原汁原味”的同时增添了现代元素，不仅组织孩子们进行了一场又一场创新与古法相结合的手工演绎，还通过这一系列手工活动，让孩子们在多样化体验中走进博物馆，了解镇江历史，接受人文关怀，在学习和参与中弘扬我国的传统文化。

推广价值

美国波士顿儿童博物馆曾有句形象的广告语：“我听了，我忘了；我看了，我记住了；我做了，于是我明白了。”一直以来，镇江博物馆在组织社会教育活动中不断创新，注重观众的体验和参与，从而帮助青少年更好地学，真正让文化遗产“活”出自己的精彩。

“彩虹手工坊”系列活动中，讲座内容生动有趣，实践环节互动性与参与性均较强。整个项目既有趣味性又有知识性，也便于广泛推广，具有可重复性和可持续性。

流动博物馆

项目背景

国际博物馆协会于1977年5月28日在第十二次全体会议上通过并设立“国际博物馆日”，时间定为每年的5月18日，旨在提高公众对博物馆社会角色的认知，促进全球博物馆事业的发展，加深人们对博物馆的关注与了解。

国际博物馆协会将博物馆的职能确定为专业致力于人的终身教育和为社会发展而服务的公共文化机构。作为重要的文博场馆，要从更大范围内去思考博物馆文化的普及性，强化社会大众对传统文化的认知与热爱。

随着生活水平越来越高，社会大众精神文化需求也越来越旺盛，需要更多传播先进文化的平台。《关于全国博物馆、纪念馆免费开放的通知》中指出，博物馆在展示传播的内容、形式上要更加积极探索和大胆创新，成为文化教育和传播中心，将专业性、学术性和知识性、趣味性、观赏性有机结合，打造公众喜闻乐见的文化品牌。要充分发挥社会教育功能，积极推进博物馆进校园、进社区和建设数字博物馆，努力强化文化的感染力和辐射力。

为了使公众能够通过多渠道接触博物馆文化、走进博物馆，镇江博物馆与多所学校、社区街道、部队、企业建立合作模式，共同打造了“流动博物馆”这一教育项目。

策划理念

为发挥博物馆的社会教育功能，作为地市级博物馆的镇江博物馆依托馆藏资源，开展了“流动博物馆”项目。

2010年，国家文物局提出了“博物馆实行定点服务与流动服务相结合”的工作方针。镇江博物馆在开展“流动博物馆”系列活动中，前期主要是针对不同类型的群体编写符合受众群体的展板文字，设计不同的展览风格；后期是与合作组织、单位沟通洽谈，制定送展规划、流程及人员的安排，积极开展送展、讲座及特色活动。通过这些活动，拓宽了大众了解博物馆的途径，使大众更容易了解传统文化，也在更大程度上实现了博物馆的社会价值。另外，为实现博物馆教育资源与学校教育资源的相互衔接，项目活动中融入了青少年教育理念，镇江博物馆与多所学校建立馆校合作，成为“馆校衔接”的重要阵地。

活动实施

活动之一

文化大篷车——感受传统文化的魅力

镇江博物馆依托馆藏资源，举办了不同主题的巡展活动，以“镇江博物馆馆藏精品文物图片展”“镇江人民革命斗争史”“镇江历史文化名人展”“鲁迅的读书生活”四大展板为主题，以“文化大篷车”的形式，将展览送进学校、社区、部队、企业，并组织开展丰富精彩的社教活动，使文化从真正意义上走近群众。

◆ 活动目标

（1）进一步扩大博物馆的社会教育功能。

（2）建立博物馆与其他社会机构的长效合作机制。

（3）培养公众对传统文化的关注与热爱。

◆ 活动对象

青少年、社区居民、部队官兵、企业工作者

◆ 活动准备

（1）活动材料准备：展板、展架、手工活动材料包、讲座讲稿及 PPT。

（2）活动场地准备：学校、社区、部队、企业的公共区域，安置桌、椅、电脑、投影等。

◆ 活动版块

一、走进家乡文物——“镇江博物馆馆藏精品文物图片展”进社区

1. 展览内容

历史文化名城镇江，扼南北要冲，得山水之胜，钟灵毓秀。镇江博物馆珍藏着30000余套（件）从新石器时代至明清时期的文物，其中，西周及春秋时期吴国青铜器、六朝青瓷器、唐代金银器、宋代丝绸服饰、明清书画、清代宫廷瓷器为馆藏特色，在国内外享有盛名。馆内有7个专题展厅，集中展示了镇江博物馆的精品文物，体现了镇江三千多年的悠久历史和丰厚的文化底蕴，它们闪烁着古代劳动人民的智慧光芒。

为了让更多的人了解这些文物，镇江博物馆开展了“镇江博物馆馆藏精品文物图片展”进社区活动。这次展览共选出近40件具有代表性的文物精品。

2. 现场讲解

展览中，社区的居民们纷纷驻足凝视家乡出土的一件件文物。通过博物馆讲解员绘声绘色的讲解（图1），社区居民们认识了青铜器上的纹饰、懂得了陶与瓷的区别等关于文物的小知识，对自己生活的这片土地也有了更深的了解。

图1　现场讲解

3. 观看特色文物宣传片

这次活动还选取了一些具有代表性的馆藏文物制作成多媒体短片，讲解员详细生动地向社区居民们进行了讲解，一件件文物活灵活现地展现在居民们眼前，这次活动使他们更加深入地了解了家乡文物。

二、重温革命历史，弘扬革命精神——“镇江人民革命斗争史”进部队

1. 展览内容

开展“镇江人民革命斗争史”展览进部队活动，展览包括旧民主主义革命时期（1840.6—1919.5）、五四运动与大革命时期（1919.5—1927.7）、土地革命时期（1927.7—1937.7）、抗日战争时期（1937.7—1945.8）、解放战争时期（1945.8—1949.10）等五个部分，通过大量历史图片资料生动客观地反映了镇江人民109年的革命斗争历程。

2. 现场讲解

讲解员结合展览内容进行了慷慨激昂的讲述，部队官兵认真观看展览（图2），由此更深刻地了解了镇江人民的革命斗争史，爱国热情高涨。

图2　观展

3.“镇江近代风云”讲座

由社教员前期策划准备镇江的革命斗争史材料，制作成PPT，将展览与讲座相互结合。讲座内容包括：1842年7月，以海龄为代表的镇江军民，英勇抵抗英帝国主义的入侵，谱写了一曲英雄主义赞歌；辛亥革命时期，以赵声为代表的民主革命者，为探寻救国救民之路，前赴后继，英勇奋斗；五四运动以后，马列主义在镇江广泛传播，一批先进分子积极投入创建镇江中共党组织的斗争；1938年夏，新四军挺进苏南抗战，镇江人民积极投入创建和发展茅山抗日根据地的斗争，为夺取抗日战争的胜利做出了巨大贡献；解放战争时期，一批坚定的共产党人顽强地领导镇江人民反抗国民党的反动统治，为实现人民革命的最后胜利英勇奋斗；1949年4月23日，镇江解放，从此，镇江进入了建设和发展的新时期。活动也邀请了一些研究革命史的专家，与部队官兵进行互动。

4. 交流学习

展览结束后，镇江博物馆工作人员与部队军事博物馆工作人员进行交流学习，共同讨论交流，分享工作经验和闪光点，探讨未来工作思路。

三、历史长河中的镇江名人——“镇江历史文化名人展”进企业

1. 展览内容

镇江是座古老的城市，有着三千多年的悠久历史，孕育着光彩夺目的地方文化。历史上有许多名人都与镇江有关，他们在政治、军事、经济、文化、科技、道德、宗教、艺术等领域做出了卓越的贡献。从先秦的著名思想家季札到清代《康熙字典》的总阅官张玉书，他们或出生于镇江，或曾经在镇江逗留，或逝世于镇江，至今在镇江仍可找寻到关于这些名人的踪迹。

镇江博物馆开展了“镇江历史文化名人展”进企业活动。这次活动选取了14位镇江历史上的文化名人，时代从先秦至明清，采用文字与图片组合的形式，于历史中介绍人物，于人物中穿插历史。活动结合镇江历史遗迹，让企业员工了解镇江的历史文化名人，从而感受到镇江深厚的文化底蕴。

2. 经典诵读

组织企业员工诵读与镇江相关的诗歌，吟诵历史名人经典，品味古今沧桑变化，更好地思考当下，展望未来。

3. 历史名人讲座

由社教员前期搜集资料，准备 PPT，为企业员工开展镇江历史名人讲座（图 3）。通过对典型人物的深入探究，感受镇江的人文底蕴。讲座中穿插与员工们的互动环节，让他们谈谈自己对镇江历史名人的想法和感情。

图 3　历史名人讲座现场

四、走进鲁迅的一生——“鲁迅的读书生活”进校园

1. 展览内容

“鲁迅的读书生活”展览（图 4、图 5）以鲁迅读书、创作为主题，以时间为线索，通过介绍鲁迅的一生，勾勒出其声名卓著、泽披四海的形象。用丰富的图片、简练的文字，勾勒出鲁迅求知若渴、奋笔耕耘的一生，此次巡展是针对中小学“读书节”专门设立，鼓励学生们学习鲁迅先生刻苦求学，为国为民鞠躬尽瘁、死而后已的爱国主义情怀。

鲁迅以文学著作闻名天下，他一生与书相伴，读书、著书、译书，卓绩耀世，非同凡响。鲁迅一生著译的作品有七百多万字，其小说的思想和艺术成就在 20 世纪的中国文学史上达到了最高的水准。他创造新的文学语言，用白话创作，写出了我国现代文学史上第一篇白话短篇小说《狂人日记》；他在现实主义基础上，博采众长，拓展了作品的内涵，为我国现代小说的表现手法开辟了一个新的领域；他吸收和借鉴现代西方小说的经验，使叙述方式和叙述角度多样化；他选取新题材，塑造新人物，表现新主题，以平等的态度对待普通民众，写出了“人的觉醒”。

图 4　展览封面

图 5　展牌

2. “鲁迅的读书生活”讲座

展览结束后，利用学校多功能厅，社教员开展多媒体课堂讲座，了解鲁迅先生的生平事迹，品析鲁迅先生的文学作品，进一步丰富各学校“读书节”活动内容，加强青少年教育，丰富学生的读书生活。

3. 馆校共建

国务院令第 659 号《博物馆条例》实施后，明确博物馆应以教育、研究和欣赏为目的，要充分发挥博物馆的社会教育功能和文化优势。镇江博物馆结合自身实际，组织业务骨干，编写多个适合教学推广的课程教案，与润州区教育局签订共建协议，携手穆源民族学校、桃园中心小学、金山小学、第三中学、第四中学、外国语学校、镇江中学等学校开展馆校共建工作，携手打造青少年的校外第二课堂（图 6）。

按照“重参与、重过程、重体验”的教育观念，博物馆与学校加强合作。一方面，博物馆发挥特色，开发符合未成年人需求的教育项目；另一方面，学校加强书本教育与博物馆教育的契合度，使之相互补充、促进。“馆校共建”最大限度地发挥了博物馆在学校教育中的特殊作用，弥补了应试教育中的盲区，有利于全方位提高青少年的素质教育，进一步推进了未成年人素质教育向纵深发展。

图 6　馆校共建课程

活动之二

让文化溜起来

为深入推动“三进”工作，切实丰富乡村群众文化生活，镇江博物馆将“馆藏精品文物展”送进大港街道，让文物讲故事，让馆藏接地气。活动还配合既生动有趣又蕴含博物馆元素的手工活动，让居民感受到传统文化带来的魅力，丰富居民的文化生活。

镇江博物馆紧紧围绕馆藏文物，采取通俗易懂、寓教于乐的方式，不断推进文化进基层的建设，使文化的“种子”在各领域流动起来，让老百姓切实尝到博物馆文化惠民的香甜果实。“让文化溜起来”活动的举办，满足了基层群众的精神文化需求。此次活动以“大港文物”为主题，传播地方“宜”文化，宣传幸福家庭思想理念，培育和树立幸福家庭典型，活动中融入博物馆文物元素，让家长和孩子们更加了解自己生活的这片土地，感受文物的吸引力。

◆ 活动目标

（1）进一步提高文化惠民的社教功能。

（2）建立博物馆与其他社会机构的长效合作机制。

（3）培养公众对传统文化的关注与热爱。

◆ 活动时间

2017 年 10 月

◆ 活动对象

大港街道居民

◆ 活动准备

（1）前期准备：博物馆教育人员多次与镇江新区大港街道工作人员接洽，商讨活动具体安排。

（2）活动材料准备：参赛手牌、文物讲稿、“馆藏精品文物展”展板、素描纸、刮画纸、竹签、铅笔、蜡笔、橡皮等。

（3）活动场地准备：大港幸福广场

◆ 活动版块

一、 亲子健身舞比赛

2017 年 10 月 20 日下午，镇江博物馆携手镇江新区大港街道联合举办“创享宜业，和谐大港”亲子健身舞比赛（图 7），将“我为家乡代言”设为其中的一个亮点环节。博物馆社会教育人员前期精选出 16 件在大港出土的文物，编写 16 份文物讲稿，并用这 16 件文物的照片制作手牌（图 8），作为每组参赛家庭的代号，并且设计精彩的解说环节，让父母和孩子共同讲述器物的前世今生。

图 7　亲子健身舞比赛现场

图 8　比赛文物手牌

1. 比赛形式与规则

（1）以家庭为单位参加，每组家庭至少一个大人和一个小孩，鼓励爷爷奶奶、爸爸妈妈全家总动员，给予适当加分。

（2）参赛家庭着亲子装或颜色相近的服装，比赛要有自己的口号，增加士气。

（3）参赛家庭赛前抽签决定比赛顺序及需讲解的文物。

（4）每组家庭亲子健身舞时间控制在 5 分钟以内。

2. 展板宣传、现场讲解

“镇江博物馆馆藏精品文物展”是有关镇江博物馆精品文物的文字和图片的展览，内容涵括了镇江博物馆具有代表性的文物。讲解员用通俗易懂的语言，向居民们讲述了镇江3000多年的历史，以及大港这片土地上灿烂的吴文化积淀。带领这一地区的人们走进家乡历史，感受3000多年前的文化带来的震撼，在讲解员的引领下，居民们驻足聆听，或轻声交流，或定睛阅读，现场井然有序。

二、“大篷车”里学刮画

刮画，是一种新型的绘画方式。刮画一般是以蜡笔、彩色的油画棒上颜色，形状自己随便涂，也可使用单色涂画。刮画纸是一种双层艺术类纸品，上层主要为黑色，下层为单色或迷彩色，刮去上层的黑色便露出下面的彩色。制作完成的刮画纸色彩靓丽，对比强烈，有着良好的视觉效果。刮画的一大特点是不适合反复修改，这可以锻炼孩子果断作画的习惯。

本次活动是制作吴文化纹饰刮画（图9），具体方法如下：

（1）找一张素描纸，画一个圆形或方形的大图，注意不能把纸涂满。

（2）在之前画的图形内用蜡笔涂上自己喜欢的颜色，也可以将几种颜色混合出其他的颜色，达到五彩缤纷的效果。

（3）用黑色的蜡笔覆盖住之前涂的彩色部分，必须很用力，要涂得很均匀。

图9　刮画制作

（4）使用铅笔在纸上做草稿图，画出吴文化纹饰。

（5）用竹签在上面画出纹饰。

三、巡展规划

“流动博物馆”将文化送进机关、社区、学校、单位、企业、乡村，使观众群体多元化，同时配以讲座、宣传资料、传统手工活动、宣讲队等，鼓励更多的观众走进博物馆，了解传统文化，将文化惠民落到实处，充分发挥博物馆的社会教育功能。2017年镇江博物馆巡展情况见表1。

表1　2017年镇江博物馆巡回展览表			
序号	时间	内　容	地　点
1	1.15	镇江历史文化名人展	镇江社会科学编辑部
2	3.15	镇江人民革命斗争史	镇江市韦岗小学
3	3.17	镇江人民革命斗争史	蒋乔小学
4	3.21	镇江人民革命斗争史	魅力之城分校
5	3.22	镇江人民革命斗争史	李家大山小学
6	3.23	镇江人民革命斗争史	润州区实验小学
7	3.24	镇江人民革命斗争史	官塘小学
8	3.27	镇江人民革命斗争史	官塘中学
9	3.28	镇江人民革命斗争史	孔家巷小学
10	3.29	镇江人民革命斗争史	南徐小学
11	3.30	镇江人民革命斗争史	镇江实验学校小学部
12	3.31	镇江人民革命斗争史	镇江实验学校中学部
13	4.1	镇江人民革命斗争史	金山实验学校
14	4.5	镇江人民革命斗争史	桃园小学
15	4.6	镇江人民革命斗争史	金山小学
16	4.7	镇江人民革命斗争史	中华路小学
17	4.10	镇江人民革命斗争史	穆源民族学校
18	4.11	镇江人民革命斗争史	朱方路小学
19	7.3	镇江历史文化名人展	大东纸业
20	7.18	镇江博物馆馆藏精品文物展	大东纸业
21	7.26	镇江博物馆馆藏精品文物展	73056部队
22	8.9	镇江博物馆馆藏精品文物展	大港街道
23	10.21	镇江博物馆馆藏精品文物展	大港街道

实施效果

镇江博物馆遵循“流动博物馆”的理念，通过一次次的活动与实践，不断提高展览品质，也逐渐让观众成为讲述者，极大程度去调动观众的积极性，同时也融入传统手工活动环节，活动现场气氛活跃，观众参与度极高，收到了极好的反馈。活动安排在人流量较大的地方，很大程度上宣传了镇江博物馆，使博物馆文化能更好地普及大众。活动意在“将展览送出去”，让社会大众多方面地了解家乡文物。活动激发了更多人走进博物馆、了解博物馆，丰富了大众的精神世界，也使大众进一步了解了博物馆和镇江的历史文化。

推广价值

法国作家安德烈·马尔罗写的《无墙的博物馆》一书中，提到博物馆应向公众充分地敞开。真正的博物馆，不是冰冷的，而是温暖的；不是隔绝的，而是亲切的。一直以来，“流动博物馆”这一项目，带领人们走进传统，聆听历史，建立博物馆与公众的直接对话，使博物馆文化真正意义上与公众零距离。

“流动博物馆”展览丰富精彩，同时转换视角，通过讲解员、志愿者及群众自身讲述文物故事，与当地市民互动完成各种生动而有趣的手工活动，以新颖的方式有针对性地将文化送到群众身边，使博物馆元素在大众中得到广泛传播，推动文化溜起来，使文化更加贴近民生。

我与博物馆

项目背景

博物馆是中小学生感知历史、认识现在、探索未来的重要文化殿堂。镇江博物馆依托自身资源，积极打造第二课堂，逐渐从以“物”为中心转向以“人”为中心，积极走出去，与中小学进行馆校衔接，策划制作了一系列中小学生喜闻乐见的活动。从学生的生活经验和现实出发，以体验和感悟的方式展开实践活动，开拓学生视野，努力实现教育资源的共享与互补，促进双方教育资源的充分利用，实现博物馆教育项目多元化。

策划理念

馆校衔接是近几年镇江博物馆中小学生教育研究的方向。镇江博物馆结合中小学生身心特点，以历史为主线，以体验为核心，开展小讲解员培训、文物寻访、镇江历史寻访、走进兄弟馆等各类社会教育活动。通过实践与探索，让中小学生深刻了解和感受镇江深厚的人文底蕴，热爱家乡，并激发他们的探索与创造精神，提高他们的文物保护意识，增强传承传统文化的责任感和使命感。

目前，镇江博物馆的志愿者队伍中有“小橘灯”志愿者、大学生志愿者、社会志愿者、“守望家园”志愿者。为了充分利用志愿者资源，让志愿者融入各项社教活动中，镇江博物馆开展了系列活动，让社会志愿者带领“小橘灯”志愿者共同参与，大手牵小手，不仅增强了志愿者的服务意识，而且还培养了团队合作精神，以及与人沟通交流的能力。

活动实施

活动之一

我讲历史给同龄人听——“小橘灯”讲解职业素质体验营活动

“小橘灯”志愿者是镇江市中小学生志愿服务德育品牌。镇江博物馆发挥自身优势，与“小橘灯”志愿者总站合作，设立“小橘灯”教育实践基地，为“小橘灯”志愿者提供培训和服务场所。为了提高中小学生的思想道德素质，充分发挥博物馆教育阵地在当前中小学生思想道德建设中的作用，自 2003 年起，镇江博物馆结合自身馆藏优势，针对中小学生身心特点，每年寒暑假期间都会开展“小橘灯”讲解职业素质体验营活动。作为镇江博物馆的老牌活动，此活动为喜爱历史和博物馆的中小学生提供了自我展示的平台，在普及文物知识的同时也搭建了博物馆和青少年交流的桥梁。

◆ 活动目标

（1）丰富中小学生假期文化生活，充分利用馆藏资源和人才资源进行中小学生教育。

（2）将志愿者精神传递到中小学生中去，从小培养他们的奉献精神。

（3）填补博物馆志愿者低年龄段的空白，为博物馆志愿服务工作添砖加瓦。

◆ 活动时间

寒暑假

◆ 活动对象

“小橘灯”志愿者

◆ 活动准备

（1）活动材料准备：小讲解员专用讲解词、口腔操资料、镇江诗词资料、电脑、投影仪、课程 PPT、音响设备、考核打分表等。

（2）活动场地准备：学术报告厅、青少年活动中心、青铜器展厅、陶瓷器展厅、金银器展厅、工艺品展厅。

◆ 活动版块

每年寒暑假，博物馆会提前一个月与多所小学联系接洽，由学校选取30位左右优秀的学生组成小讲解员培训团队。分为四组，每组负责一个展厅，由四名讲解员分别担任指导老师。

1. 第一天：开营仪式

9:00—9:30 早课、军体拳

早课是镇江博物馆讲解员每天的必修课。小讲解员们加入讲解员的早课训练队伍，和讲解员们一起进行日常工作汇报、语言基本功训练，并总结前一天的培新成果。通过这些环节让他们充分体验讲解员工作的日常。近两年更是加入了军体拳（图1）的环节。每天清晨，小讲解员们都会早到半小时，练习军体拳，增强身体素质，培养吃苦耐劳的精神。

图1 练习军体拳

9:30—10:30 谁是我喜欢的宝贝——展厅寻宝

讲解内容是培训的重要环节。由讲解员将孩子们带进四个常设展厅，分别是青铜器展厅、陶瓷器展厅、金银器展厅、工艺品展厅，进行展厅寻宝（图2）。通过讲解文物让孩子们对讲解有初步的了解和认识。在讲解的过程中，孩子们在本组的展厅内自行挑选自己喜欢的一至两件文物编写讲解词。

10:30 — 11:30　编写讲解词

指导老师辅导学生如何写一篇好的讲解词。以一件文物为例，从文物的外形、纹饰、用途、历史价值等方面进行辅导，勾勒出框架，由小讲解员自己独立地编写讲解词（图 3）。

图 2　展厅寻宝

图 3　编写讲解词

2. 第二天

9:00 — 9:30　早课、军体拳

9:30 — 10:30　讲解基本功与态势礼仪培训

要想成为一名合格的讲解员，语言基本功和态势礼仪的练习是必不可少的。由指导老师带领孩子们练习吐字发音、口腔操及绕口令（图 4）。态势礼仪上，从面部表情、讲解手势、展厅走位等方面进行一对一的辅导并分组进行练习（图 5）。让孩子们从更多方面了解讲解员的工作，让讲解更加规范。

图 4　讲解基本功培训

图 5　礼仪培训

10:30 — 11:30　讲解词的修改与背诵

在大学生志愿者和指导老师的帮助下对讲解词进行修改，增加文物之间的串联词，整合并完成 PPT。最终做到每一组将自己展厅的历史通过文物串联体现出来，然后进行背诵。

3. 第三天

9∶00 — 9∶30　早课、军体拳

9∶30 — 10∶30　诵读镇江诗词

千百年来传唱不衰的经典诗词是我国传统文化中的瑰丽奇葩。博物馆将经典诗词融入小讲解员的培训中，通过诵读《题金陵渡》《永遇乐·京口北固亭怀古》等跟镇江相关的诗词，来重温经典，传承中华文明。这不但提高了孩子们的语言表达能力，也让他们更加了解家乡。

10∶30 — 11∶30　“镇江博物馆的前世今生”观前导览

除了文物的讲解，还以 PPT 讲座的方式介绍英国领事馆和这里发生的历史故事，让小讲解员们对博物馆有进一步的了解与认识。

4. 第四天

9∶00 — 9∶30　早课、军体拳

9∶30 — 10∶30　志愿者与“奇葩”问题的奇妙碰撞——志愿交流分享会

作为博物馆的志愿讲解员，每次都会遇到不同的观众群体，他们来自祖国的大江南北，对文物也会有不一样的认识感悟。在志愿者讲解的过程中，他们往往会被问到一些“超纲”问题。博物馆邀请了一名优秀的社会志愿者通过讲座的形式总结自己在讲解过程中遇到的问题，并和孩子们进行交流讨论（图 6）。让社会志愿者带领“小橘灯”志愿者共同参与活动，这样可以培养“小橘灯”志愿者随机应变的能力和与人沟通交流的能力。

图 6　志愿者交流分享会

5. 第五天

9:00 — 9:30 早课、军体拳

9:30 — 10:30 展厅实战

单纯的背稿子是远远不够的，需要到展厅进行模拟讲解（图 7、图 8），讲给小伙伴们和来参观的观众听。在此期间，指导老师和大学生志愿者从讲解内容、态势语言、展厅走位等方面给孩子面对面的指导。让他们突破自己，做到不紧张不胆怯，为后面的考核展示做好准备。

10:30 — 11:30 “找一找，拼一拼”——展厅里面寻宝贝

博物馆内造型各异、纹饰精美的文物展品都是古代匠人们的劳动所造。为了让小讲解员们更加了解文物并熟悉上面的纹饰，指导老师将展厅内部分重点文物上的纹饰拓印出来，然后让孩子们到展厅寻找对应的文物并进行拼接。此活动不但能让孩子更加熟悉文物，也能进一步培养孩子们的文物保护意识。

图 7 展厅培训

图 8 展厅实战

6. 第六天：闭营仪式

9:00 — 9:30 彩排

9:30 — 10:30 考核及讲解风采展示

讲解考核（图 9）。邀请学校的老师、学生的家长来一同见证小讲解员们 5 天来的培训成果。学生们分组依次上台进行镇江诗词、文物讲解的展示。老师从语言、内容、态势方面给每组打分，得分最高的组被评为本次优秀小讲解员组。最后给考核合格的小讲解员颁发结业证书并安排他们在节假日或周末上岗给参观者进行讲解服务。

图 9　讲解展示

本次活动立足馆藏文物和地方历史文化，充分尊重中小学生天性，在全方位的职业体验中开发孩子的潜能。以在玩中学、在学中玩为宗旨，通过语言、肢体的培训锻炼中小学生的胆量与勇气，通过各类寓教于乐的小课堂加强他们对历史文化的认知和理解，提高他们保护传统文化的意识。一方面，集体互动的方式有利于引导他们树立科学的情感观、价值观。另一方面，博物馆教育从传统的说教到主动调动学生的学习热情，使他们积极地融入博物馆教育活动中来，也彰显了博物馆的魅力。江苏省文物局在官方网站对本次活动进行了报道（图 10）。

江苏省文物局

首 页　新闻中心　政务信息　服务信息　行政权力　双公示专栏

您当前位置：首页>>新闻中心>>图片新闻

2018暑期"小讲解员职业素质体验营"之"镇博新声代"——从心出发，快乐讲解

发布日期：2018 - 07 - 11　浏览次数：21　字号：[大 中 小]

为了进一步推进市文广新局的文化惠民工作，从7月3日起，镇江博物馆开展了为期一周的2018暑期"小讲解员职业素质体验营"之"镇博新声代"——从心出发、快乐讲解主题活动。

此次职业素质体验营活动面向社会招收四至六年级学生，培训内容包括展厅文物寻访、讲解技能培训、讲解词编写、发声和态势礼仪等，让青少年们既能充分体验讲解员的日常工作，也能透过文物了解镇江地域文化，并能将所学知识运用到讲解实践和学习生活中去。

同往年活动内容相比，此次我馆还增加了博物馆里"练身手"——趣味军体拳、"指尖上的文物"——创意手工画、"缤纷一夏'帽'美如花"——草帽DIY、"诵古城经典 访古城遗迹"——考古体验之旅等亮点环节，充分发挥青少年的创造力和动手能力，培养孩子们紧密合作的团队精神和勇于奉献的志愿者精神。

"小讲解员职业素质体验营"活动作为镇江博物馆的品牌活动之一，一直以来秉承"玩中学学中玩"的理念，给青少年提供了一个展示自我、战胜自我的舞台，从而实现从"文化传承人"到"文化传播人"的华丽蜕变。

图 10　活动报道

活动之二

“聆听、触摸”——走进考古工地、寻访古城遗迹

吴文化是中华民族灿烂文化的重要组成部分，经过三千多年的发展，已经形成了独树一帜的物质文明与精神文明。如今，在宁、沪、杭太湖流域及长江三角洲一带，还保存着大量吴人留下的文化遗产。镇江，位于长江与大运河的交界处，是一座具有3000多年历史的历史文化名城，也是吴文化的发祥地。而与镇江相邻相近的城市也具有深厚的历史与文化积淀，它们文化同根、民俗同源、发展同脉。

为了加强城市之间的文化交流，为了让观众更加了解各地地方文化，更好地发挥博物馆在地方文化传播和保护中的作用，镇江博物馆每年都会在暑期与5·18国际博物馆日期间策划“聆听、触摸”——走进考古工地、寻访古城遗迹系列活动，针对不同志愿者群体，通过文物寻访、历史寻访、与考古专家零距离接触等活动，让志愿者不仅了解镇江城，还能走出去，让志愿者顺着历史留下来的足迹去探索和解密一座古城的过去，体验考古工作的光荣与艰辛，激发志愿者的探索创造精神，增强他们传承传统文化的责任感和使命感。

◆ 活动目标

（1）补充志愿者考古方面的相关专业知识，并运用到讲解中去。

（2）激发青少年的探索与创造精神，提高文物保护意识，增强传承传统文化的责任感和使命感。

（3）增强志愿者团队的凝聚力。

◆ 活动板块

一、穿越千年寻吴迹——跨城探寻解密历史

何为考古？究竟怎么“考”？“考”什么？为了让博物馆志愿者能拓展视野，扩充知识储备量，镇江博物馆在每年5·18国际博物馆日期间会带领大学生志愿者与“守望家园”志愿者“走出去”，领略镇江以外不一样的历史文化风貌，走进扬州隋炀帝墓、无锡阖闾城遗址等，走进考古“第一现场”，直观感受墓葬、遗址所带来的震撼。

活动时间：5·18国际博物馆日期间

活动对象：大学生志愿者、“守望家园”志愿者

活动准备：

（1）活动材料准备：白T恤、志愿者团队横幅、毛笔、颜料等。

（2）活动场地准备：扬州隋炀帝墓、无锡阖闾城遗址。

活动内容如下：

1. T恤DIY与制作团标

在出发之前，大学生志愿者和“守望家园”志愿者在青少年活动中心先进行手绘T恤活动。将事先准备的白T恤铺在桌面上，用毛笔沾上颜料进行文物的彩绘，并绘制团队的团标。增加活动的乐趣，激发志愿者的想象力和创造力。

2. 聆听讲座

在青少年活动中心，社教部老师们通过讲座的方式向志愿者普及考古知识，对比各地历史文化的不同及相同点并指导志愿者如何将这些知识运用到讲解中去。引导大家思考，这些墓葬的主人是谁？他们过着什么样的生活？带着这些问题踏上寻访之旅。

3. 实地“探险”

在考古工地，工作人员现场为志愿者详细介绍了墓葬的形制、发掘概况、发掘过程及考古收获（图11、图12），还带领志愿者参观清理好的墓葬，教大家学习手铲的使用方法、辨认地层，判断相对年代的相对关系。最后，考古工作者还回答了志愿者提出的问题，让志愿者更加深入地认识了考古工作。

图11　参观扬州隋炀帝墓

图 12　考古人员讲解

大学生志愿者与“守望家园”志愿者是志愿者队伍中的主力军，他们认知力强并且有着自己独特的讲解方式。此次活动让志愿者走出镇江，使他们在参观学习实践的过程中丰富知识，认识到博物馆志愿者工作的重要性，在交流过程中增进对彼此的了解，提升团队凝聚力。

二、 遗址考古零距离——走进镇江三千多年

镇江人杰地灵、人文名胜古迹众多，镇江博物馆就收藏有30000多件（套）珍贵的文物。那文物从哪里来？它的背后又隐藏着哪些不为人知的故事？为了让“小橘灯”志愿者进一步了解文物、了解家乡镇江，镇江博物馆每年暑假期间都会开展“遗址考古零距离——走进镇江三千多年”活动，走进镇江市丹徒区韦岗镇丁家村遗址、梦溪园沈括故居、陆小波故居、京口闸遗址等。让孩子们增加对镇江史前文化与人文历史的了解，增强他们身为镇江人的自豪感。

活动时间：暑假期间

活动对象：未成年人、“小橘灯”志愿者

活动准备：

（1）活动材料准备：“小橘灯”志愿者团队队帽、志愿者旗帜、风油精、十滴水等防暑降温用品。

（2）活动场地准备：镇江市丹徒区韦岗镇丁家村遗址、梦溪园沈括故居、陆小波故居、京口闸遗址等。

活动内容如下：

此活动主要是针对中小学生展开，前期由博物馆社教部社教员多次与学校的负责老师洽谈活动准备事宜。由学校带队，并选出带队老师，博物馆与学校共同确保学生在整个活动过程中的安全。

1. 欣赏出土“宝贝”并进行拓印

到达遗址现场后，考古人员给孩子们展示了出土的器物、标本，并对这些出土文物进行了详细介绍。在考古人员的帮助与指导下，孩子们对陶片进行分类，还可以亲手拓印陶片上的纹饰（图 13），最后将拓好的拓片带回家。

图 13　拓印制作

2. 体验考古发掘

志愿者跟随考古队员进行探方测量，考古队员教他们如何进行发掘，然后志愿者亲自动手操作（图 14），然后考古队员手把手教他们如何使用洛阳铲等考古工具（图 15）进行勘探、发掘并学习如何绘图等，让他们体验考古人员工作的艰辛。最后合影留念（图 16）。

图 14　考古挖掘体验

图 15　洛阳铲使用示范及体验

图 16　参观梦溪园故居考古现场

地方文化是当地居民提升身份认同感、归属感的基础。此活动是对地方文化的深度宣传，不仅能让孩子们从小增进对地方文化遗产的认知，而且能培养孩子们主动保护文物、保护文化遗产的习惯。博物馆教育活动既填补了学校教育在这一方面的空白，又扩大了博物馆的社会影响力。

活动之三

携手志愿者赴兄弟馆的“文化之约”

志愿者是博物馆的一个重要组成部分，博物馆也为志愿者提供了一个服务的平台。志愿者为博物馆服务的同时，博物馆的工作人员也应为志愿者提供优质而全面的服务，为丰富志愿者日常学习，增加志愿者之间的相互了解，镇江博物馆在每年 5·18 国际博物馆日期间，都会组织博物馆志愿者赴兄弟馆进行交流学习。通过相互参观交流、开阔眼界，达到提升志愿服务水平、激发团队活力的目的。

◆ 活动目标

（1）加强志愿者内部交流、沟通、学习。

（2）拓宽和加强志愿者对博物馆专业知识的理解和掌握。

（3）加深志愿者对地方历史文化的认知。

◆ 活动板块

一、“六朝文化”之旅——镇江博物馆志愿者赴南京参观学习

南京是中国四大古都、首批国家历史文化名城，是中华文明的重要发祥地，长期是中国南方的政治、经济、文化中心，有着 7000 多年文明史、近 2600 年建城史和近 500 年的建都史，有“六朝古都”“十朝都会”之称。本次镇江博物馆带领志愿者赴南京博物馆与六朝博物馆进行参观交流学习，对比两馆的相同与不同，感受不一样的文化氛围。

活动时间：5·18 国际博物馆日期间

活动对象：大学生志愿者

活动准备：

（1）活动材料准备：志愿者队旗、镇江博物馆志愿者红马甲、小红帽。

（2）活动场地准备：南京六朝博物馆展厅、学术报告厅。

活动内容如下：

1. 9：00 — 10：30　南京博物院参观展览

南京博物院是一座大型综合性的省级历史与艺术类博物馆，中国三大博物馆之一。在南京博物院讲解员的带领和讲解下，志愿者参观了展厅（图 17）。志愿者先后在历史馆了解到了古代先民的神秘生活及江苏历史的发展进程，在“金色中国”中国古代金器大展中欣赏到了光彩夺目的黄金工艺品，在数字馆领略了现代科技与历史相结合的妙趣，而以全景复原的方式呈现的民国馆则让大家全方位体会到了浓浓的民国风情。

图 17　参观展厅

2. 10：30 — 11：30　志愿者交流

南京博物院宣教部志愿者负责人及志愿者代表热情接待并与镇江博物馆志愿者代表一起座谈，就志愿者组织架构、机制建设、服务内容、服务形式、培训管理等多方面进行了交流，共同探讨了如何拓展志愿者服务内容和提升服务质量等。座谈气氛轻松活跃，志愿者各抒己见，讨论热烈。座谈后，志愿者合影留念（图 18）。

图 18　南京博物院合影留念

3. 11∶30 — 13∶00　南京博物院用餐

4. 13∶30 — 15∶00　南京六朝博物馆参观展览

六朝文化是南京最具国际影响力的文化元素和城市名片，南京有着丰富的六朝文化遗存。21 世纪初，南京发现了迷失千余年的六朝都城遗址，举世为之震惊。六朝博物馆是中国目前展示六朝文物最全面的遗址博物馆，也是反映六朝文化最系统的专题博物馆。镇江博物馆志愿者来到六朝博物馆（图 19），在六朝博物馆讲解员的带领下，志愿者参观了“六朝帝都”“回望六朝”“六朝风采”“六朝人杰”等 4 个展厅（图 20）。志愿者将镇江博物馆陶瓷展厅内的器物与六朝博物馆器物进行对比，在相同中找不同，不断扩充自己的讲解词。

图 19　六朝博物馆合影留念

图 20　参观六朝博物馆

5. 15：00 — 16：00　趣味互动问答

为了加深志愿者对寻访中所学知识的印象，六朝博物馆更是把答题擂台搬到了现场，双方志愿者来了一次六朝知识答题 PK 大比拼，看看谁是“六朝通”。让志愿者在轻松愉快的氛围中增长知识。如：

①“六朝”指的是哪六个朝代？

② 六朝博物馆位于南京总统府东侧，长江路与汉府街的交会处，外形建筑是由__________设计。

③ 魂瓶，又称__________，是一种流行于三国两晋时期，专为陪葬烧制的明器。

④ 两晋、南北朝时期，南方士大夫中盛行乘坐__________。

相同的身份，情感的共鸣，让大家一见如故。思维的碰撞增进了兄弟馆之间的互动与交流，志愿者也学习到了如何让文化有效传达、让讲解更有力量等宝贵经验。

二、品古吴遗韵，赏龙城瑰宝——镇江博物馆志愿者赴常州博物馆交流学习

博物馆是学生的第二课堂，博物馆里蕴含的是人类生活中科学与艺术的精华，就像一座座知识宝库，一扇扇认识世界、拓展视野的神秘之门。艺术教育的目的是使人在创造的过程中变得更富有创造力，使学生具有基本的审美能力。常州博物馆是一座历史、艺术、自然类的综合性博物馆。本次去常州博物馆主要是想通过艺术课堂和社会教育活动的学习与交流来强调“互动”的教育理念，激发学生志愿者的兴趣和探究欲望，同时在体验中贯穿勇气、合作精神等人格素养的培养，注重科学、艺术和人文三者的融合。

活动时间：5·18 国际博物馆日期间

活动对象："小橘灯"志愿者、大学生志愿者

活动准备：

（1）活动材料准备：志愿者队旗、镇江博物馆志愿者红马甲、小红帽。

（2）活动场地准备：常州博物馆常设展厅、"丝路瑰宝——敦煌艺术大展"展厅艺术课堂、儿童剧表演场地。

活动内容如下：

1. 展厅参观

在常州博物馆工作人员的带领下，志愿者参观了展厅。最吸引大家的就是常州博物馆新馆的展陈陈设，"用现代手段演绎古代文明，用艺术语言再现真实"的设计理念颇为新颖。陈列展览的亮点就在于理念的超前和技术手段的运用，最大限度地体现现代博物馆的教育功能。新馆的陈列中还设置了许多互动性的项目，大大增加了展览的趣味性，如在自然陈列中，就有"我与老虎赛跑""虚拟翻书"等十余组。加上视频和音响的渲染，使志愿者在汲取知识的同时增添了无限的乐趣。

2. 艺术课堂——"指尖上的敦煌"湖塘剪纸

此次参观正好遇上常州博物馆"丝路瑰宝——敦煌艺术大展"（图 21），"指尖上的敦煌"非遗系列活动丰富多彩。在工作人员的带领下，镇江博物馆社教员与志愿者走进一楼的启明星艺术活动中心，湖塘剪纸活动（图 22）正在进行中。活动中他们邀请了湖塘剪纸代表人物担任指导老师，来自各高校的大学生参与了本次活动。

图 21　参观敦煌艺术大展

图 22　湖塘剪纸活动

（1）讲座

图 23　剪纸讲座

讲座中，指导老师将剪纸的起源、发展、创作流程等娓娓道来，并着重介绍了湖塘剪纸的历史地位及风格特点（图 23）。此外，她还现场展示了自己的部分作品，使学员们对剪纸艺术有了一个初步而具象的概念。

（2）体验

学员们要依次剪出一幅“莲花图”，此图具有浓郁的敦煌特色。老师给大家讲述了如何将一张圆形的红纸折出六个角，怎样灵活运用剪刀的各个部位剪出所要达到的效果，在剪锯齿、半圆等形状时又有什么技巧。在老师的教导下，学员们学得认真而仔细。镇江博物馆的志愿者也加入了其中，大家一边实践，一边就遇到的问题向老师请教，现场气氛轻松愉快。

3. 观赏儿童剧——《九色鹿》

常州博物馆“丝路瑰宝——敦煌艺术大展”除了丰富多样的手工活动，还配套有儿童剧《九色鹿》（图 24）。此儿童剧根据敦煌莫高窟壁画改编而成，共有七幕。现场观看的观众非常多，演出效果也非常好。志愿者表示对其中的一些故事情节印象深刻，觉得很有意思，纷纷表示不虚此行。

图 24　儿童剧《九色鹿》

4. 交流学习

镇江博物馆社教人员、志愿者与常州博物馆的社教员面对面相互交流。常州博物馆表示，希望这些丰富多彩的社会教育活动一方面能提高学生的社会实践能力，另一方面能通过这种生动活泼的形式把敦煌文化传播得更广更远。镇江博物馆的社教员们也阐述了本馆开展的社会教育活动，双方都表示要相互多学习多交流，共同打造好博物馆这个社会教育大课堂。

通过此次活动，希望镇江博物馆的志愿者能善加利用此次难得的学习机会，吸收、融合、创新，博采众长，于思考中求进步，于进步中求发展，拓宽镇江博物馆的艺术教育之路。

三、走进人间天堂，感受吴地遗珍——镇江博物馆志愿者赴苏州博物馆交流学习

俗话说："上有天堂，下有苏杭。"苏州是中国首批 24 座国家历史文化名城之一，有近 2500 年的历史。苏州博物馆更是一座集现代化馆舍建筑、古建筑与创新山水园林三位一体的综合性博物馆。馆址为太平天国忠王李秀成王府遗址，该遗址是至今保存最完整的一座太平天国王府建筑。苏州博物馆的设计者为著名建筑设计大师贝聿铭。整个苏州博物馆，处处都透露出中国色彩。此次活动带领镇江博物馆志愿者走进苏州博物馆（图 25），走进平江路历史文化街区，感受独特的江南风情。

图 25　苏州博物馆合影留念

活动时间：5·18 国际博物馆日期间

活动对象："守望家园"志愿者

活动准备：

（1）活动材料准备：志愿者队旗、镇江博物馆志愿者红马甲、小红帽。

（2）活动场地准备：苏州博物馆、平江路历史文化街区。

活动内容如下：

1. 志愿者之间的"碰撞"——展厅文物寻访

为了让志愿者之间更好地交流学习，苏州博物馆请一名优秀的志愿者带领大家参观展厅。在志愿者的热情引导下，大家先后参观了"吴地遗珍""吴塔国宝""吴中风雅""吴门书画"4 个常设展厅展览（图 26），得知苏州博物馆的藏品以古代书画、瓷器、工艺、出土文物为主。参观过程中，志愿者直观、细致、深入地了解和学习了苏州的历史文化知识，还不时地提出问题、交流学习心得（图 27）。

图 26　苏州博物馆听讲解

图 27　交流学习

2. 英式园林&中式园林——养眼的博物馆建筑

作为全国一流的花园式博物馆，镇江博物馆所在的英国领事馆旧址为东印度风格，馆址内景观为英式园林风格，别有一番异国风情。而苏州博物馆的建筑风格是以雅致、简约为主，其特色体现在建筑造型与所处环境自然融合，空间处理独特。几何图形配上黑框白墙，和江南水乡的白墙黑瓦的色调相一致。八角凉亭，曲径小道，湖光倒影，青松翠柏，荷塘锦鲤，高山流水，让你在博物馆内就能体会到苏州园林的美。馆与馆风格的迥然不同，让志愿者能够在服务的同时既有视觉的享受，也能通过这些美景更加了解博物馆背后的故事。

3. 漫步平江路历史文化街区

除了博物馆，那些老街老巷也是一座城市历史文化最好的见证。镇江博物馆旁边有西津渡，是镇江文物古迹保存最多、最集中完好的地方。而苏州有平江路，这么好的游览学习机会志愿者岂能错过？平江路是苏州的一条历史老街，是苏州古城迄今为止保存最完整的一个区域，至今保持着路河并行的双棋盘城市格局，保留着小桥、流水、人家及幽深古巷的江南水城特色，积淀着深厚的文化底蕴，聚集了极为丰富的历史遗迹和人文景观，内有世界文化遗产1座——藕园，文化保护单位9处，以及为数众多的古建筑、古桥、古井、古树、古牌坊，至今还保留着古城墙遗址。历史上，许多文人雅士、达官贵人曾生活于此，至今，区域内的居民还保持着传统的生活方式。走在路上，还不时能听到苏州评弹。就这样慢慢走，听着吴侬软语，看着水旁的房屋船只，志愿者似乎穿越到了古代的时光。

此次苏州之行，志愿者走出镇江，与兄弟馆志愿者之间增进了友谊，加强了联系，形成优势互补、资源共享的模式，有利于博物馆志愿者团队文化建设和组织管理的发展；走出博物馆，让博物馆以“物”为基础的教育扩展到文化遗迹层面，感受文物以外的人文资源，拓展了博物馆的教育空间。

活动之四

“做一道靓丽的风景线”——宣讲进校园

博物馆事业作为传承华夏悠久历史文化的载体，通过自然科学文化的传播、宣传，影响着民众的生活，社会教育宣传也是非常重要的一项内容。作为爱国主义教育基地，镇江博物馆希望通过组建优秀的宣讲队伍更直接直观地给观众一个更好去了解历史的窗口与平台，走进当地始源的文化之中。本次宣讲围绕镇江人民革命斗争史的历史文化，让革命先烈英勇斗争的精神渗入中小学生教育中去，缅怀革命先烈，传播革命精神。

◆ 活动目标

（1）丰富学生文化生活，让镇江历史文化渗透进校园每一个角落。

（2）通过展览内容向学生展现革命斗争精神，培养学生爱祖国爱家乡的情怀。

（3）充分利用志愿者资源，促进馆校衔接，为共建赢得长效合作。

◆ 活动时间

2017年3—4月

◆ 活动对象

小学生、初中生

◆ 活动准备

（1）活动材料准备：“镇江人民革命斗争史”展板、展架、运输车辆、宣讲稿；鸦片战争——“火烧英国领事馆”；红军长征——“从红军战士到革命者”；抗日战争——“以情动人，以诚攻心”；解放战争——“长江的女儿”；讴歌新时代——“建设美好新镇江”。

（2）活动场地准备：韦岗小学、南徐小学、实验初中等 17 所小学、中学教室或报告厅等公共区域。

◆ 活动版块

1. 招募与选拔

招募方式：为了让更多的人加入博物馆志愿者队伍，本次招募面对社会大众，只要是对博物馆感兴趣的都可以参与报名。博物馆提前在微信公众号上发布招募公告，公布招募名额、条件及报名方式、时间安排等。活动采用电话报名、现场报名等。

选拔条件：若想开展好宣讲活动，必须有一支活力强、水平高的宣讲队伍，宣讲成员需有一定的社会实践经历，形象语言较好，有一定的学习工作能力和应变能力，有一定的感染力和感召力。经过精心挑选，选出了 15 位申请人组成了这支宣讲队。

2. 培训与上岗

2019 年镇江博物馆志愿者培训考核以自我培训为主的方式展开，并在往届志愿者中挑选出优秀志愿者组成培训考核小组。由于此次宣讲成员的组成主要以中老年为主，所以博物馆也请到了有丰富讲解经验的老志愿者来馆对他们进行培训考核，针对他们的年龄特点制定课程，老志愿者亲身示范，“以老带新”，从态势礼仪、讲解走位、笑容表情、内容等方面给新人面对面的指导。考核通过后，制定宣讲时间安排表，宣讲队成员严格按照排班表上岗。

3. 宣讲进校园

（1）宣讲

由于宣讲对象是小学生和中学生，宣讲队员根据学生年龄的不同，选择了 5 篇与镇江和博物馆历史相关的人物事迹及历史故事，并结合 PPT 进行宣讲（图 28、图 29）。比如面对年龄小的学生，宣讲成员的宣讲内容会采用口语化的语言，用故事的形式传达，并且增加互动，让学生能够听得进去，增强吸引力和感染力。面对初中生，宣讲队员会鼓励学生提问题，采用交流和问答的方式，让学生对内容记忆更加深刻，从而达到更好的宣讲效果。

图 28　讲座进校园

图 29　宣讲进校园

（2）参观展览

宣讲结束后，宣讲队员带领学生有序参观"镇江人民革命斗争史"展览。展览包括旧民主主义革命时期、"五四"运动与大革命时期、土地革命时期、抗日战争时期、解放战争时期 5 个部分，通过大量历史图片资料，生动客观反映了镇江人民 109 年革命斗争的历程。学生们怀揣着满腔热情一起认真观展，共同了解镇江人民不屈不挠的革命精神（图 30）。

图 30　展览进校园

4. 颁发证书

历时两个月的宣讲进校园活动得到了各个学校的一致好评。为了表达博物馆对于这些热爱博物馆事业并无私奉献的志愿者的感谢之情，博物馆为这些志愿者颁发了志愿者证书并向他们赠予了博物馆的文创产品。

本次宣讲志愿者的加入拓宽了志愿服务的创新之路，丰富了志愿服务的内涵，也提升了志愿服务的品质，成为博物馆社会教育宣传工作中的一道靓丽风景线，也使博物馆“第二课堂”与学校教育实现了优势互补。

实施效果

1. 充分利用馆藏资源与人才资源进行青少年教育

“我与博物馆”系列活动立足馆藏文物，立足于地方历史文化，充分尊重中小学生天性，在全方位的职业体验中开发青少年的潜能。让中小学生在学习传统技艺的同时感受文化之美，提高传统文化保护意识。通过对文物的学习使学生们更加了解家乡文化，通过各类寓教于乐的小课堂加强中小学生对历史文化的认知和理解。

2. 促进馆校衔接工作，进一步实现博物馆的公共教育功能

馆校衔接是这些年镇江博物馆青少年教育研究的方向，各类活动的开展有效地开发了博物馆的现有资源。活动紧密结合学校教育的需求，极大地促进了博物馆与学校的相互交流。通过展览、讲座等形式将博物馆文化传递到各个角落，让更多的老师、学生、家长了解博物馆，不仅拉近了家庭、学校与博物馆的距离，而且还促进了镇江博物馆馆校共建长效合作机制的形成。

3. 志愿者在博物馆事业中占据着越来越重要的位置

2018 年已是镇江博物馆志愿者团队成立的第 7 个年头。随着镇江博物馆志愿者人数和功能的不断增加，志愿者队伍分为“社会志愿者”“文博志愿者”“大学生志愿者”“‘小橘灯’志愿者”这四大特色服务团队。“我与博物馆”系列活动主要以志愿者为主体，通过组织志愿者走出去，进考古工地、去兄弟馆参观交流学习的方式，不断提升博物馆志愿者队伍的整体素质。在活动中，他们充分发挥积极性和能动性，在实现自我价值的同时为社教活动增光添彩。

推广价值

1. 活动形式新颖多样，吸引力、推广性强

亲身去体验博物馆工作、体验寻访的乐趣是一种效果突出，可持续性、操作性强的活动形式，适用于每个群体。让活动者通过新奇的活动体验，了解地方文化和历史。博物馆既能自己组织活动，又能与媒体、学校、寻访单位合作，发挥自身优势，形成很好的合作关系，实现互惠共赢。

2. 志愿者工作融入博物馆教育中，有利于提升博物馆的公共服务能力

志愿者团队是博物馆事业蓬勃发展的重要组成部分。经过近几年的大胆尝试和实践探索，镇江博物馆志愿者工作正向社会化、专业化、多元化发展。每年为新招募的志愿者进行讲解内容、姿态礼仪等方面的培训，还安排志愿者参加讲座、参与各种社教活动，这些形式成为博物馆教育功能的延伸。博物馆面向志愿者开展的一系列教育活动，不仅能有效帮助博物馆降低运营成本、缓解人员不足的压力，还有利于志愿者自身素质的提升，从而为博物馆提供更专业的志愿服务。

获奖项目案例展示

气冲霄汉古吴韵

项目背景

镇江，因水而兴，因军事地位险要而起。夏商时期，长江下游宁镇地区的先民被称为荆蛮。商代，这一地区所形成的文化被称作“先吴文化”。到了西周早期，镇江地区的先吴文化被注入了新的活力，一支来自于周朝的西北移民来到此地，带来了先进的农耕技术与文化，使得镇江成为后来吴文化的发源地。镇江出土的吴文化的青铜器以其数量之多、特色之显而成为最吸引吴文化研究者的耀眼群星。

在本次系列活动中，镇江博物馆将青铜文明与地域文明相结合，将博物馆教育与学校课程相结合，策划了以博物馆教程为基石、课堂与课外实践相结合的“气冲霄汉古吴韵”教育项目，旨在通过丰富的教育形式，传播多彩的地域文明。

策划理念

1. 以吴文化为主线

作为吴文化的发源地，从数目众多的吴文化特色青铜器到大港地区发现的西周贵族土墩墓群，镇江地区的吴文化资源十分丰富，镇江博物馆更是设立了单独的吴文化青铜器展厅来彰显商周时期镇江的地域文明。活动以吴文化为主线，以馆藏文物为依托来传播镇江在先秦时期的地域文明。

2. 课程设计“量体裁衣”

为了让课程更加贴近孩子的学习生活，博物馆按照“设计”“调整”“实践”“总结”“再实践”等程序，由专家组与学校老师通力合作，对教学内容、

PPT、教案、讲课稿等逐一修改、校审，寻找最适合的教学模式，最后为孩子们打造出一系列“合身”的教程。

3.“分享、探索、创新”实践理念

文化传播的意义在于让孩子们更有目的地去探索与创新。活动中，博物馆与孩子们走近彼此，通过活跃的课堂形式与丰富的参观、探索和创新，共同领略数千年前的吴文化。

活动实施

◆ 活动目标

（1）通过博物馆课程走进课堂的形式，让青少年了解家乡的青铜文化与先吴文化，树立爱乡的高尚情怀。

（2）策划丰富多彩的实践，带领青少年走进博物馆，走进吴文化的遗迹，走近遗物，从不一样的角度领略家乡吴文化的魅力。

（3）结合 3D 打印技术，通过发挥孩子们的想象力，创造出属于自己的青铜兵器，让孩子们在快乐体验中进行创新制作，增加活动的趣味性与时代性。

◆ 活动准备

1. 课程环节

（1）先期接洽。主要包括确认合作的学校、班级、教学时间，以及教学内容的选择、修改、定稿。教学内容主要针对已经具备一定的沟通、理解及动手能力的小学四、五、六年级学生，因此先期主要选择市区有丰富课外活动经验的小学进行合作。

（2）教学准备：

① 选定讲课老师。由两名博物馆社教人员及一名保管部研究人员担任老师（三人均具有一定的教学经验），熟悉教学课程，并进行教学交流。

② 教案编写。依据学校老师给出的意见，针对课程的特殊性，由博物馆备课组成员在普通课堂教案的基础上增加博物馆老师的自我介绍、课程介绍等内容。

③ 事先准备好教具，即馆藏吴文化青铜器复制品。

2. 探索环节

（1）先期接洽孙家村遗址负责人员。

（2）组织学生。

（3）确定随行车辆。

（4）选定随行社教人员，并准备好活动记录设备。

3. 创新环节

（1）与中瑞镇江生态产业园先期接洽，确定活动时间、流程及相关事宜。

（2）先期组织好学生，并安排好出行相关事宜。

（3）准备画笔、纸等创意打印原材料（蓝图制作）。

（4）实践老师熟悉 3D 打印技术。

4. 联系并确定媒体

◆ 活动板块

一、博物馆课程进校园——气冲霄汉古吴韵

立足于丰富的地方文化资源是博物馆课程的一大特色。从课程设计到试点选定，从教育员选择到课堂实战，博物馆课程坚持走好、走稳每一步，力争让活动达到最好的效果。

教学目的：通过课堂讲解、图片展示、课堂互动，让学生走进我国的青铜时代，走进镇江的地域文明——吴文化。

教学重点：文物知识介绍、青铜文化及吴文化的讲解，以及现场互动环节的掌控，重点是能够让每一位学生都参与到课堂中来。

教学过程如下：

（1）自我介绍。让学生了解新老师的身份，了解课程目的，为接下来的教学内容做铺垫。

（2）课堂导入。提问式互动，以学生们最熟悉的卧薪尝胆等故事，引入吴文化。

（3）教学内容讲解。以战争小故事—镇江吴文化—青铜文明（馆藏吴国青铜器）为主线，采用一讲一互动的方式，每介绍完一个知识点便进行现场互动提问，注意提高学生的课堂参与度。

（4）主要知识点介绍完毕后，导入博物馆青铜器展厅文物，为接下来的活动环节做好铺垫。

二、古吴风韵——吴文化青铜器展厅寻访

镇江博物馆青铜器展厅集中展出百余件（套）吴文化青铜器，种类丰富，风格独特，集中代表了西周至先秦时期吴文化的精髓。活动组织学生听讲解，参观展厅（图 1），与文物面对面，仔细观察它们独特的器型与纹饰，并通过绘画的方式，走进几千年前的吴地青铜文明。

图 1　吴文化青铜器展厅寻访

三、吴国兵工厂探秘——寻访孙家村遗址

镇江孙家村遗址整体布局独特，遗址外侧有环壕，遗址内发现大量铸铜遗迹，出土文物丰富，包括较多小铜器及陶范、铜渣等，地层中有大量红烧土、木灰，并见有炉壁、抹泥烧结墙面。结合遗址特殊的地理位置、特别的构造方式，孙家村遗址极有可能是当时吴国“国家级”的青铜兵器冶铸“工厂”。遗址的考古发现对于吴文化、中国古代手工业技术、长江下游地域文明研究等方面具有重要意义，在 2016 年度全国十大考古新发现评选中，该遗址也是江苏省唯一一处入围终评的项目。

1. 遗址探秘

参观孙家村遗址（图 2），听考古专家现场讲解。

图 2　走进孙家村考古工地

2. 公众考古

考古实践体验。具体包括：测量——RTK的使用、拍摄——遥控无人机操作、勘探——洛阳铲的使用，以及实物整理（记录、整理、拓片等）（图3）等内容。

图3　参观出土文物

四、青铜兵器 DIY——3D 创意体验

夏、商、周三代是中国历史上的青铜时代，青铜冶铸工艺技术达到巅峰，工艺卓绝。同时，作为礼乐文化的重要载体，青铜器“明尊卑，别上下”，彰显和维护着等级制度。镇江博物馆“吴文化青铜器展”以三个历史发展时期为纽带展现了光辉异彩的青铜文化。活动中与中瑞生态产业园合作（图4），开展 3D 创意绘画体验活动，并带领青少年走进吴文化青铜器展厅，使他们领略青铜的独特魅力，一边观察古代兵器的造型特点，一边动手体验不一样的兵器制作（图5）。

图4　在中瑞产业园开展吴文化课程体验

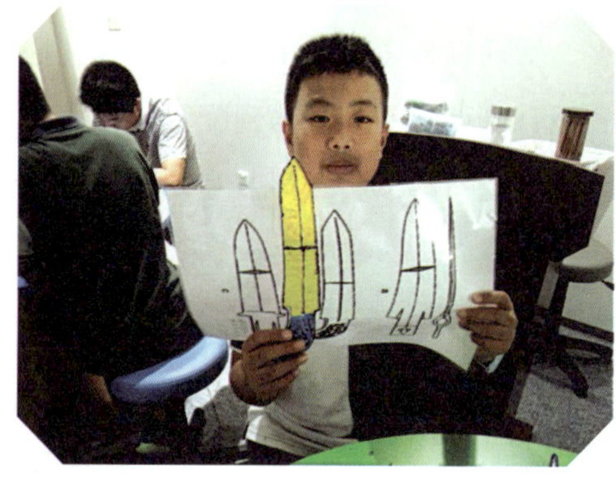

图5　3D 兵器创意体验

活动效果

“气冲霄汉古吴韵”项目自推出以来，以“课程—文物—遗址—体验”为线索，走进镇江市各小学高年级，已成为镇江博物馆“馆校衔接”项目的重要组成部分，在镇江及周边的小学师生、家长中树立了良好的口碑，其中仅课程受益学生就达300余人。媒体报道方面，活动自推出以来，《镇江日报》《京江晚报》、民生频道、新闻频道等多家媒体进行了跟踪报道，引起了社会各界的广泛关注与好评。

“气冲霄汉古吴韵”项目施行过程中，合作学校多次表示，充满博物馆元素的课程走进孩子们的课堂，不管对学校来说，还是对于孩子来说都是一种全新的尝试。“课堂精彩纷呈，学生兴趣浓厚，不仅增长了知识，开拓了眼界，更培养了孩子们对考古的兴趣！”一位学校的老师这样评论这节课。

从课内到课外，从课件到“活生生”的文物与遗迹，“气冲霄汉古吴韵”项目变得更加饱满、丰富，全方位、多层次地展现了镇江的古吴文明，让孩子们真正走进家乡，穿越到几千年前“金戈铁马”的时代。

推广价值

随着公众服务的功能日益凸显，近年来我国各大博物馆的社会教育服务不断推陈出新，如何真正让文化遗产“活”出自己的精彩，成为社会教育工作首先面临的问题。镇江博物馆在传统社会教育模式的基础上进行创新，基于馆藏及地方丰富的古吴文化资源，策划“气冲霄汉古吴韵”项目，将博物馆课程与课后实践相结合，与学校、企业及社会组织多方合作，彰显商周时期镇江的地域文明。

活动以吴文化为主线，以馆藏文物为依托来传播镇江在先秦时期的地域文明。从课程设计到课程实施，再到配套社会实践活动的策划与组织，全程线索清晰，条理清楚。课堂生动有趣，实践环节互动性与参与性均较强，整个项目既有趣味性又有知识性，便于广泛推广，具有可重复性和可持续性。

如诗如画京江景

项目背景

江苏镇江的“京江画派”起自乾隆中期，延续到道光末年，长达近百年的艺术创作过程，不仅在镇江文化史上具有重要意义，而且在清代美术史上也占有一席之地。以张夕庵和顾鹤庆为首的京江画人，秉承“师法造化，自以为法”的宗旨，开创了“京江画派”，形成了“落笔浓厚，丘壑严整”，具有地域特色的艺术风格。在当时的画坛上打破了“死临摹古”的单调格局，这些名家的丹青翰墨就是一幅镇江绘画演变的轨迹，衔接着中国绘画发展的脉络。

镇江博物馆结合馆藏精品文物及镇江的历史文化遗迹，针对小学生推出了“如诗如画京江景”系列活动，引导学生了解家乡不同时代、不同背景的“京江画派”人物，并从独特的角度发现和欣赏绘画的美，自主探究“京江画派”背后的故事，并通过绘画“说”出自己对“京江画派”的理解。

策划理念

1. 结合馆校衔接教育，微课堂走进校园

本项目主要面对的群体是小学生，如果单纯地向他们介绍“京江画派”的内容，容易使他们觉得枯燥无味，难以理解，所以我们在策划活动时，尝试通过互动有趣的方式让小学生走近“京江画派”。强调互动和参与性，通过微课堂促进小学生思考，结合镇江的风景区及名人故居，去挖掘京江画派的背后故事。

2. 注重乐趣与参与，以“探索”和“创新”为目标

活动遵循博物馆教育的本质，以引导和启发的方式，避免教科书式教学，活动讲求趣味性，寓教于乐。从“京江画派”的诗、书、画中体验笔墨情趣与诗情画意，提高学生的美学意识，陶冶情操。

活动实施

◆ 活动目标

（1）通过微课堂让更多的小学生了解“京江画派”的起源、背景、艺术特色及艺术价值。

（2）通过多种形式的亲身体验，提升小学生对家乡的自豪感，了解并感悟“京江画派”人物身上所蕴含的刻苦学习、勇于创新、执着追求的精神。

◆ 活动准备

（1）确定合作单位：同镇江市润州区教育局、镇江市“小橘灯”总站等合作单位联系，就活动的主题性、公益性及双方要求等达成合作意向，确定各项活动的类型与规模。

（2）确定活动方案：根据系列活动制定活动方案、流程，责任到人，分工合作。

（3）活动场地确认及材料准备：

① 完成南山风景区、北固山风景区、金山风景区、王文治故居、睿泰数字产业园等活动场地确认。

② 活动场地背景布置、音乐、音响、电脑、投影仪、颁奖证书、颁奖典礼彩排。

③ 打印诵读材料及二十四景材料，定制绘画材料、展板、展架。

◆ 活动板块

一、微课堂——“如诗如画京江景”

活动对象：小学生

地点：学校教室、睿泰数字产业园

1. “京江画派”起源及人物介绍

清代其他的画家，都是以临摹清初“四王”（王时敏、王鉴、王翚、王原祁）画家

的画为正统，而京江画派的画家则提出要师法自然，认为大自然才是最好的老师。他们的画，以镇江真山真水为表现内容。微课堂带领同学们从京江画派的开派人物张夕庵、顾鹤庆、周镐等人的绘画中，体会画家们热爱故乡、观察大自然，不断发掘山水中的天趣，去感受镇江的美景（图 1）。

图 1　微课堂

2. 拓展思考

（1）你能说出几个京江画派画家的名字吗？他们的艺术风格有什么不同呢？

（2）你最喜欢哪位画家的哪幅作品呢？为什么？

（3）实践体验。

二、诵读经典——寻访“二十四景”

活动对象：小学生

地点：南山风景区、北固山风景区、金山风景区、王文治故居等

京江画派后期画家的代表人物周镐，代表作有《京江二十四景》，描绘的是镇江名胜的景色，每一幅都取了非常动听的名字，《浮玉观涛》描绘的是清代时候的镇江金山；《梦溪秋泛》描绘的是镇江梦溪园；《兽窟危亭》描绘的是镇江南郊招隐山；《北固晚钟》画的是北固山，等等。

我们选取了其中代表性的景点，带领同学们去寻访。沿途中由博物馆社教人员介绍周镐的作品，再对比今天镇江的变化。

在寻访活动中，每站寻访的点都配有相关的诗词，希望通过诵读经典诗词，帮助同学们亲近大自然，体验沧海桑田。

三、“画意 @ 镇江——我与博物馆”创意绘画比赛

镇江博物馆、镇江市润州区教育局联合举办“画意 @ 镇江——我与博物馆”创意绘画比赛，本次活动紧紧围绕 2017 年国际博物馆日主题“博物馆与有争议的历史：博物馆讲述难以言说的历史”，并结合“京江画派”的绘画技巧，邀请辖区内的小学生走进博物馆，用自己独特的视角画出镇江的文物，描绘镇江的历史，表达对家乡的热爱，展示博物馆的深刻魅力。

1. 作品征集 + 评选工作

活动时间：3—5 月中旬

活动期间，博物馆老师走进部分学校开展“如诗如画京江景”社会实践活动，创意绘画可以用文物衬托鲜活的历史，也可以走近“镇江的二十四景”，画出与文物的故事，与镇江的故事。

作品选用 4K 美术专用纸，采取素描、色彩、水粉等多种形式。5 月初组织有关专家评选，评出最佳创意奖、最佳色彩奖、最佳想象奖、参与奖若干名，将在“5・18”国际博物馆日举行颁奖典礼。

2. 作品展出 + 作品拍卖

活动时间：5 月中旬至 7 月

5 月中旬至 7 月，“画意 @ 镇江”继续向公益迈开步伐。获奖的 30 幅作品在博物馆展出，在此期间我们会对作品进行拍卖（图 2），所得款项将投入到对弱势群体的资助中去，尽我们所能去帮助更多的孩子。

图 2　获奖作品展出及爱心义卖

活动效果

长达 5 个月的“如诗如画京江景”系列活动，作为镇江市文广新局 2017 年目标任务中一项重要的校本课程项目，与多个相关部门合作，从策划、推广、执行、开展等方面来看，整个活动彰显了博物馆的社会教育职能。活动以小学生为主体，针对他们身心特点和实际需求，开展知识性、趣味性、互动性于一体的校本课程项目，使他们在活动中了解家乡的历史文化，激发他们热爱家乡的情怀，同时也启发了学生们创意绘画的能力。

“如诗如画京江景”系列活动中，全市各个学校的绘画爱好者的加入不仅扩大了镇江画派的影响力，也宣传了地方文化名人。此外，参加活动的学生也表示，通过活动建立起了独立的文化及审美品位，希望这样的活动还能多多举办，让更多的学生有机会参与其中。

推广价值

（1）“如诗如画京江景”系列活动打破了以往传统的教学方式，遵循小学生思维及认知特点，让孩子们从新的角度了解家乡的历史文化，并带领他们走进、触摸、聆听这段历史，这种直观、互动性强的活动对学生们的吸引力较大。

（2）活动和学校校本课程有机对接，将学生从课本上学到的知识和博物馆知识相结合，让学生们感到亲切、熟悉，易于接受，起到了巩固、补充、辅助学校校本教材的作用。

（3）活动紧密联系实物、实景，内容设计丰富多彩，真正做到了寓教于乐。

『小策展人』研学

项目背景

策展人活动以中学生为教育对象，让他们体验文物从出土、修复、整理到展厅呈现的一系列过程。活动旨在让学生从中自主学习并运用学校知识形成自己的思维，最终以陈列展览的形式向大众尽可能地诠释博物馆的内涵。从野外实践到实验室修复，从策划展览到展览呈现，形式丰富，环节多样。在锻炼孩子独立思维能力、创新能力的同时，也培养他们的团队协作能力。

策划理念

1. 着重打造“策展＋考古”新模式

本次活动主要面对的群体是初中生。活动结合馆藏文物及镇江的历史文化遗迹，以博物馆研学教程为基石，以策展与考古为纽带，通过丰富的馆校衔接课程设计，在展览设计、展品制作等系列体验式环节中，激发初中生的创意，培养他们的逻辑思维，为他们提供一项独特的博物馆教学设计。

2. 注重培养初中生自主创新思维

活动遵循博物馆教育的本质，以引导和启发的方式，以“课程—文物—展品”为线索，通过展品创作提高初中生的智力技能，以策展布展锻炼他们的认知策略，初中生在整个展览成型的过程中，言语、情感能力也得到了提升。

活动实施

◆ 活动目标

（1）了解镇江的历史；了解文物的基本信息；了解博物馆策展的一般流程。

（2）培养学生的动手实践能力；培养学生的艺术想象创造力；培养学生的思维逻辑能力。

（3）感受传统文化的魅力；帮助学生树立文物保护意识；感受镇江文化的深刻内涵，增强爱乡情怀。

◆ 活动准备

（1）确定合作单位。主动与镇江江南学校联系，就活动的主题性、公益性及双方要求等达成合作意向，确定各系列活动类型规模。

（2）确定活动方案。根据系列活动制定活动方案、流程、责任到人、分工合作。

（3）活动场地确认及材料：

① 确认铁瓮城考古工地、京口闸考古工地的活动场地。

② 活动场地背景布置、音响、电脑、投影仪。

③ 展区说明卡、展板、展品资料。

◆ 活动板块

一、走进策展

1. “你好，策展人”——了解博物馆策展人

由博物馆工作人员分享博物馆策展人的工作流程与职业心得（图1）。在博物馆策展人的带领下，走进文物展厅，进一步实地了解陈列展览的基本信息与策展流程。

图1 “了解博物馆策展人”讲座

2. “你好，展品”——了解博物馆文物

博物馆策展人向学生大致介绍镇江考古的情况，然后针对出土文物进行具体介绍（图 2）。先对学生进行分组，让学生讨论并确定各组理想的文物展览主题与呈现形式（图 3、图 4）。

图 2 “了解博物馆文物”讲座

图 3 讨论展览主题

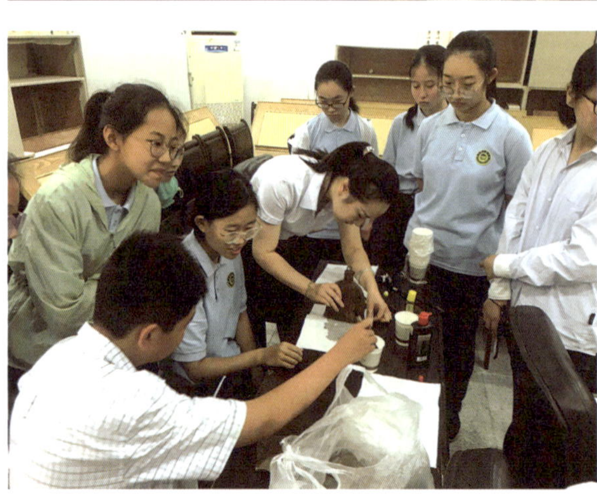

图 4 设计展品呈现形式

二、确定主题

确定展览总主题及五大板块，按照文物的功能、展品的艺术表现手法、与学校学科知识的融合等不同角度对板块进行划分，并在组内编写各板块的文案大纲。

三、挑选展品

1.“探索”——文物的挖掘

给学生发放任务卡（图 5），让学生按照任务卡上流程逐一打卡。做完全部，即对文物从出土到展览有了系统的认识。然后走进京口闸、铁瓮城两处考古工地（图 6），开展展品采集工作。在考古部老师的带领下，采集与展览主题相符合的展品。

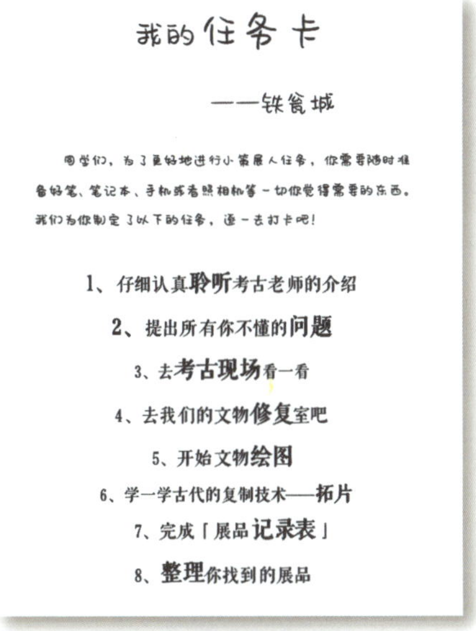

我的任务卡

——铁瓮城

同学们，为了更好地进行小策展人任务，你需要随时准备好笔、笔记本、手机或者照相机等一切你觉得需要的东西。我们为你制定了以下的任务，逐一去打卡吧！

1、仔细认真**聆听**考古老师的介绍

2、提出所有你不懂的**问题**

3、去**考古现场**看一看

4、去我们的文物**修复**室吧

5、开始文物**绘图**

6、学一学古代的复制技术——**拓片**

7、完成「展品**记录表**」

8、**整理**你找到的展品

图 5　小策展人任务卡

图 6　走进铁瓮城考古工地

2.“复原”——文物的修复

组织学生学习有关文物修复（图 7）、测绘的知识，并亲身体验。活动使他们既了解展品背后的故事，又增加了手作展览的乐趣性。

图 7　学习文物修复

3. “归类”——文物的整理

学生对手作展览相关的展品进行分类整理（图 8），同时各自选择部分展品，挖掘展品背后的故事，制作展品展牌。

图 8　对展品进行分类整理

四、完善展览

先开展“展览中独特的感官表达”讲座（图 9），将陈列展览的文字说明，如大小标题、前言、简介、结束语及展品说明等，以多种感官方式（触觉、嗅觉、听觉、视觉）进行独特的展现，可运用多媒体。

图 9　“展览中独特的感官表达”讲座

充分发挥学生的奇思妙想，设计带有学生审美的展出形式，例如拓印、在碎陶片石膏上进行绘画、瓦当与木片的结合等，合理安排组内分工任务。

五、布置展品

孩子策展与布展（图 10）的过程就是学习与体验、设计与创作、灵感与创意的萌发的过程，同时也是对策展的思考再现。引导青少年将展品按“城”与“河”划分为两个主题布置展区（图 11、图 12），设计出展览海报（图 13），打造出“展览花絮区”（图 14）、“展览互动体验区”（图 15）和“展览互动打卡区”（图 16）。

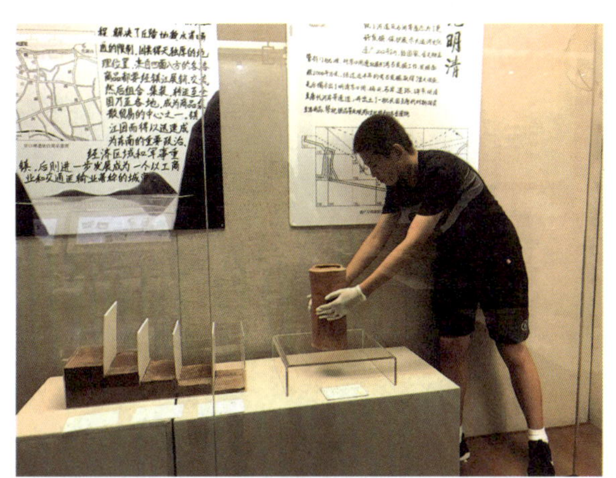

图 10　小策展人进行布展

图 11　镇江手绘地图展品

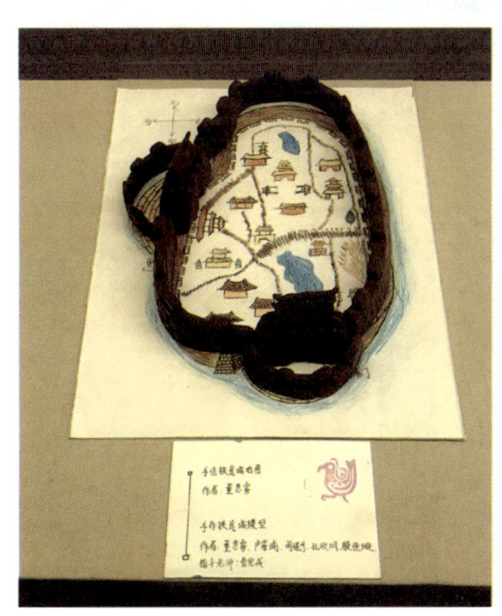

图 12　城墙模型展品

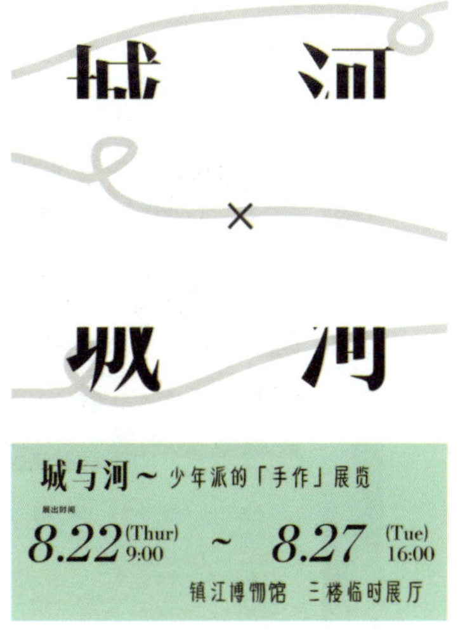

图 13　展览海报

图 14　布置展览花絮区

图 15　展览互动体验区

图 16　展览互动打卡区

六、少年派的手作展览开幕

学生们亲自参与设计、策划的主题展览开幕。开幕礼当天，小策展人进行展区阐释，并且和现场观众进行展品互动创作（图 17），带领观众进一步走进文物背后的故事。

图 17　小策展人带领观众观看展览

活动效果

“‘小策展人’研学”自推出以来，便受到广大家长和孩子们的热烈欢迎，影响力广泛，也受到了媒体的广泛关注，《镇江日报》《京江晚报》等多家媒体进行了跟踪报道。活动自2018年起已连续两年顺利实施，并于2019年入选“江苏省博物馆品牌教育项目库”。

作为社会教育的重要文化机构，镇江博物馆充分挖掘地方文化资源，从策展人的视角出发，带领孩子全方位了解展览、了解博物馆。活动涉及考古发现、野外实践、策展布展等多方面的内容，潜移默化地培养孩子的各项能力。让孩子们在多样化体验中走进博物馆，了解镇江历史，接受人文关怀，在学习和参与中宣扬我国的传统文化。

推广价值

1. 活动具有创新性

活动形式别出心裁。镇江博物馆积极打造第二课堂，逐渐从以“物”为中心转向以“人”为中心，活动形式也逐步创新，搭建策展的平台，重分享体验与创作，让青少年积极走出去，开展“策展 + 考古”的创新活动形式，并依托自身资源，打造学生喜闻乐见的实践活动，开拓他们的视野。

2. 主题具有灵活性

本次活动基于馆藏及地方丰富的文化资源，结合特色文物造型及纹饰，利用多媒体手段，让文物与学生的奇思妙想相结合，呈现出的展品主题多种多样。

3. 展览具有流动性

手作展览利用可移动展牌，结合镇江考古小知识，通过相应手工展品的视觉感受，全方位地带领人们走进传统，聆听历史。流动展览可送进当地社区、学校、市民广场等人流量较大的区域。此项活动使博物馆与公众直接对话，使博物馆文化真正意义上与公众零距离。

十里长山探米芾

项目背景

传统节日作为一个国家或民族历史文化长期积淀的产物，自诞生起便成为民族传统文化最重要的载体之一，是宝贵的文化遗产。作为传统文化传播的重要窗口，近年来，镇江博物馆依托地方历史、文化、名人资源，立足地方民俗，深入发掘传统文化内涵，在清明节系列活动中，将清明节日文化、地方名人文化与地方习俗文化相融合，加强博物馆与社会公众特别是中小学生之间的互动，同时深入学校，将传统文化教育纳入中小学的德育实践课程，通过节日文化讲座、传统习俗体验、手工制作等多种形式开展社会教育活动，让博物馆真正成为学生的“第二课堂”。

策划理念

1. 以宣扬地方文化为特色

自古以来，镇江就是沟通南北交通的要塞，风景优美，有着诸多与米芾相关的遗迹，同时也有着祭扫米芾墓等极具特色的地方节日文化。活动将传统节日文化与名人、习俗文化要素相融合，借此达到宣扬地方文化特色的目的。

2. 以“铭记精神，汲取力量，坚守文化”为要义

作为中国传统节日，清明节拥有着丰富的精神内涵，既体现了对先人的缅怀尊敬，也饱含着对未来的憧憬向往。活动将“铭记”“传递”“憧憬”这些关键词串入活动。

3. 以“参与、体验、快乐、分享”为宗旨

人们只有参与传统节日其中，在亲身感受后才能不断加深记忆。通过节日文化讲座、清明祭扫体验、米芾史迹寻访、米氏书画体验、“米氏”style 纸鸢制作等多种形式开展社会教育活动，活动既走进小学，针对团体，也面向社会广泛招募，形式活泼，让孩子们在体验中学习、分享。

活动实施

◆ 活动目标

（1）通过系列讲座，让中小学生了解家乡米芾文化、清明节日文化，树立爱国、爱乡的高尚情怀。

（2）通过丰富多彩的活动环节加强中小学生与名人文化的互动，在缅怀先贤的同时达到宣传教育的目的。

（3）通过亲子动手，让中小学生仿米芾山水画风设计纸鸢纹样，培养他们的动手能力，同时激发想象力，在快乐体验中了解文化。

◆ 活动准备

1. 讲座环节

（1）由社教人员及馆内书画专家挑选出优秀的有关清明的讲座。

（2）调试活动中心多媒体（电脑 1 台、投影仪 1 台）。

2. 寻访环节

（1）确定合作单位米芾书法公园的活动场地。

（2）到博物馆、黄鹤山米芾墓、南山“城市山林”、米芾书法公园等寻访点踩点，卡准每一环节具体时间。

（3）确定随行车辆。

（4）准备扫墓材料（鲜花、米芾经典诗词等）。

3. 实践环节

（1）面向全市招募有书画特长的小学生 45 人。

（2）书画纸60份、毛笔30支、排笔30支、一次性纸杯60只、墨水6瓶、丙烯颜料20盒。

（3）准备奖品。

（4）联系与确定媒体。

◆ 活动板块

一、清明知米芾——“米芾同学的日常”“烟雨京口话清明”知识讲座

6岁熟读诗书，7岁学习书法，10岁能为人书写碑文，21岁就被召为书画学博士的米芾，他的刻苦与勤奋、在书画和文学上过人的禀赋和才华，成就了他在中华文化史上无人可以比肩的成就。除与苏轼、黄庭坚、蔡襄并称“宋四家”之外，米芾还以“米氏云山”开创了中国历史上文人写意画的先河。

1.“米芾同学的日常”讲座

活动对象：小学生书法爱好者

活动地点：镇江博物馆青少年活动中心

以生动活泼的语言，从生活中各种“写字控”“砚台控”“石头控”的米同学推及其书画上的“天马脱衔，追风逐电”与天真率性的艺术特色（图1）。

图1　讲座

2.“烟雨京口话清明”讲座

活动对象：小学生

活动地点：官塘桥小学、江滨实验小学、桃园中心小学、穆源民族学校等

向学生讲解镇江清明的传统习俗，并将祭扫米芾墓的传统习俗纳入其中，触发他们的寻访兴趣（图2）。

图 2 “烟雨京口话清明”讲座

二、山水寻先迹——米芾史迹探访

米芾钟爱镇江，其五十七年的人生之路中有四十年留在了镇江丹徒，“米氏云山”所描绘的主角也大都是镇江的十里长山。在镇江的南山一带、十里长山地区均留有关于米芾的遗迹，自古以来一直吸引着众多米芾书法爱好者的寻访。2010 年年初，位于镇江丹徒的米芾书法公园开工建设，也成为迄今为止我国唯一一座以书法家姓名命名的文化主题公园，发挥着宣传米芾文化的重要作用。活动采用边走边讲的方式，让学生们在体验中更加深入地了解米芾。

1. 祭扫米芾墓

社教人员带领小学生到黄鹤山祭扫米芾墓（图 3），并举行米芾诗词朗诵、米芾生平分享（图 4）等活动。

图 3 祭扫米芾墓

图 4　了解米芾生平

2. 寻访南山“城市山林”、十里长山风景区

活动地点：南山风景区、“城市山林”牌坊、米芾书法公园

沿途由博物馆社教人员介绍米芾与各寻访点的渊源；在“城市山林”牌坊下停留、学习、拍照；参观米芾书法公园。

三、笔墨抒我情——体验米芾书画

米芾曾在镇江丹徒的十里长山用大小错落的浓墨、焦墨、横点、点簇来描绘层层绵延的山头，在位于其入口的米芾书法公园里，就展有大量米芾书法的碑刻。活动通过现场观摩、学习及创作（图 5）的形式，让孩子们以独特的方式向这位伟大的先贤致敬。

图 5　书画创作

1. 临摹米芾的字及米芾公园风景写生

活动地点：米芾书法公园碑刻展区

活动对象：爱好书画的小学生

2. 优秀作品评选、颁奖、展示

活动地点：米芾书法公园“绍兴米帖”室前

活动对象：镇江博物馆特邀书法专家、社会书法爱好者、镇江博物馆社教人员、米芾书法公园工作人员

评选出三名“小画家”、三名“小书法家”并发放奖品；并给参与的小朋友发放纪念品，合影留念（图 6）。

图 6　作品展示

四、纸鸢遥寄思——“米氏”style 风筝制作

活动地点：镇江博物馆青少年活动中心

活动对象：小学生书画爱好者

清明节又称“风筝节”，放风筝也是清明习俗之一，当把风筝放飞升高后就有意把引线剪断，据说可以带走烦恼、苦闷，也可以寄托对先人的缅怀和思念。活动采用知识小讲座与亲子 DIY 的形式，介绍清明传统习俗，并带领孩子动手制作纸鸢，放飞自己对先人的思念，在体验中了解、传播中国传统文化。

（1）风筝组装（图 7）。

（2）亲子 DIY——“米氏”style 风筝绘画、制作。

（3）作品集体展示。

图 7　风筝制作

活动效果

“十里长山探米芾”活动自推出以来，已经持续了 3 年，在镇江及周边的小学师生、家长中树立了良好的口碑，“烟雨京口话清明”讲座先后走进 7 所小学，受益学生多达 700 余人。

“十里长山探米芾”活动中，合作方米芾书法公园表示，来自全市各个学校爱好书法的学生的加入，不仅扩大了米芾公园的社会影响力，也宣传了地方名人文化。此外，活动中有爱好书法的学生也表示：“祭扫完米芾的墓，寻访了米芾的家乡，看完了他的书法，临摹完他的字，这个清明节对于我来说终生难忘！”

镇江博物馆一直在创新清明节的传统文化教育理念，努力探索出一条传承与创新相结合的社会教育路子，以深厚的文化力担当起传承、弘扬中国清明文化的重任。

推广价值

近年来，传统节日文化的回归与复兴得到了社会的广泛关注，如何开展一系列最具地方特色的节日活动成为各个文化单位的工作重点。清明节是我国延续千年的传统节日，镇江博物馆的“十里长山探米芾”清明活动具有良好的可持续性、较强的拓展性和极大的推广价值。

本次活动的亮点在于，它打破传统清明节单一的“祭扫”教育模式，它将地方节日文化与地方名人文化充分地结合在一起，并将传统文化教育纳入中小学的德育实践课程，通过名人史迹寻访、文化知识讲座、地方传统习俗体验、手工制作等多种形式开展社会教育活动，在让参与者铭记先贤传承的精神、汲取先贤传承的力量的同时坚守先贤传承的文化，对青少年特别是小学生起到了重要的文化教育作用。

阅名人，读家乡

项目背景

读书有益于育德、励志、启智、明史，是人的素质全面发展的重要途径。作为江苏省书香城市建设试点市，为全面推进全民阅读工作，让“书香”成为镇江的又一城市名片，近年来镇江市大力实施书香“六进”计划和阅读“五项”工程，明确提出要“让阅读成为镇江人的生活方式和精神特质，成为文化强市的重要内涵和显著标志”。

作为省级科普基地，镇江博物馆一直将提高市民的科学文化水平、营造良好的读书氛围作为工作重点。为进一步加强青少年学生教育，镇江博物馆积极策划组织了“阅名人，读家乡”读书节特别活动。活动依托馆藏资源，新增“鲁迅的读书生活”“镇江历史文化名人”流动展览，并配以知识讲座、阅读分享、话剧表演、版画制作等丰富多彩的活动，先后走进镇江市第一外国语学校、镇江市第四中学等学校，让阅读走进校园，让学生走近家乡、走进名人的书香生活。

策划理念

1. 挖掘名人资源，培养阅读动力

鲁迅以文学著作而闻名天下，他的一生与书相伴，其刻苦求学、笔耕不辍的精神也成为一代又一代年轻人发奋读书的动力。历史上镇江也是文人辈出的地方，萧统、许浑、沈括在镇江家喻户晓，《昭明文选》《文心雕龙》等文学巨著也被广为传播。通过“鲁迅的读书生活”“镇江历史文化名人”流动展览，在发掘名人效应的同时加强地方文化宣传，培养学生的阅读动力。

2. 结合馆藏文物，建立阅读兴趣

将丰子恺版画与馆藏沙清泉版画、地方版画文化相结合，通过丰子恺文学作品分享、沙清泉版画赏析，以及与版画大师现场交流、制作青铜器版画等形式丰富活动内容。

3. 注重"参与、体验、分享"

活动通过展览、知识讲座、征文、话剧表演、名人阅读分享、创意版画制作、博物馆里寻找国学等丰富多彩的活动形式，在强调"输入"（知识性）的同时更加注重"输出"（趣味性），让学生在参与中真正地体会和领悟阅读的魅力。

4. 兼顾全面，突出重点

活动对象以中学生为重点，同时又兼顾小学生，针对不同年龄段的特点采取不同的教育方式，力争达到最佳的教育效果。

活动实施

◆ 活动目标

（1）通过"鲁迅的读书生活"展勾勒出鲁迅声名卓著、泽披四海的形象，鼓励学生们学习先生刻苦求学的读书精神；通过"镇江历史文化名人"展，让青少年爱家乡、读家乡、学名人。

（2）通过"文房四宝里的中国传统文化"知识讲座，宣传馆藏文物和地方文化。

（3）通过征文、名作朗诵及话剧表演、名人阅读分享等互动形式，让学生体会到阅读的魅力。

（4）通过分享丰子恺文学作品、沙清泉版画赏析、制作创意版画及博物馆里寻找国学等方式，将读书与博物馆文化相结合，让孩子们感受传统的精髓。

◆ 活动准备

（1）确定展览设计专业人员，完成"鲁迅的读书生活""镇江历史文化名人"展览的资料收集、编写、审核与制作。

（2）选拔专业志愿者（高校教师）、社教人员，要求结合博物馆文物完成"文房四宝里的中国传统文化"讲座、"童年的梦——丰子恺作品分享及沙清泉版画赏析"，并由博物馆专业人员进行审核、试讲。

（3）联系合作学校。与镇江市第四中学、镇江市第一外国语学校负责人沟通活动内容、活动时间、活动场地及参与学生的年级；对具体负责的老师进行培训，宣传博物馆相关文物及文化，明确活动的背景、目的，并对具体实施环节进行沟通。

（4）与镇江本地版画制作专家徐银东老师建立联系，确定活动、时间及活动具体内容。

（5）优秀话剧、优秀征文、优秀名人分享征集与选拔（由学校推荐老师和镇江博物馆社教部负责人共同参与），并根据评选结果准备相应数量的奖品与纪念品。

（6）版画制作材料准备（颜料、板材）。

（7）确定展牌运输及参与人员来去的交通工具。

◆ 活动板块

一、“鲁迅的读书生活”“镇江历史文化名人”流动展览进校园

活动地点：镇江市第一外国语学校、镇江市第四中学、镇江市穆源民族学校、镇江市中山小学等

活动对象：中小学生

“鲁迅的读书生活”展览以鲁迅读书、创作为主题，以时间为线索，用丰富的图片、简练的文字，勾勒出鲁迅求知若渴、奋笔耕耘的一生，是广大青少年学习的榜样。

“镇江历史文化名人”展选取14位镇江历史上的文化名人，时代从先秦至明清，采用文字与图片组合的形式，于历史中介绍人物，人物中穿插历史，结合镇江历史遗迹，让观者了解镇江的文化名人（图1）。

图1　流动展览进校园

二、“文房四宝里的中国传统文化”“镇江历史文化名人”讲座

活动地点：镇江市第一外国语学校、镇江市第四中学

主讲人：博物馆专家志愿者、博物馆社教人员

活动对象：中学生

通过多媒体及现场展示的形式，介绍博物馆里的古代文房文化；介绍镇江地方历史名人文化、遗迹及名著。

三、我与三味书屋——鲁迅作品诵读比赛

活动地点：镇江市第一外国语学校

活动对象：中学生

（1）以班级为单位，组织学生参加校级鲁迅作品诵读大赛。由学生自主选取鲁迅经典作品，进行创意朗诵（图 2）。

（2）由镇江博物馆、学校各推出一名评委，进行打分，奖项分为一等奖（1 名）、二等奖（2 名）、三等奖（3 名）及参与奖（2 名）。

图 2　诵读活动合影

四、永不陨落的恒星——“我心日中的鲁迅”“我心目中的家乡名人”分享

活动地点：镇江市第一外国语学校、镇江市第四中学

活动对象：中学生

通过多媒体演示、话剧分享及征文等形式，让中学生勾勒出心目中的立体的文化名人形象，传承读书精神（图 3）。

图 3　家乡名人分享会

五、童年的梦——丰子恺作品分享、沙清泉版画赏析及版画制作

活动地点：镇江博物馆青少年活动中心

活动对象：小学生

著名作家丰子恺的《忆儿时》被列为中小学生必读文学作品。作为中国现代木刻版画的先行者，丰子恺先生也曾多次在文学作品中提及版画的制作。镇江博物馆藏有 197 套（件）版画大师沙清泉的作品。活动将名人文学作品与传统版画技艺相结合，让学生在享受阅读魅力的同时，感受艺术创作带来的乐趣。

（1）丰子恺作品诵读分享，沙清泉版画解析。

（2）著名版画大师徐银东老师现场解析版画制作艺术，并展示优秀版画作品。

（3）参观青铜展厅，走进青铜时代，制作铜器纹饰创意版画（图 4、图 5）。

图 4　版画制作

图 5　版画成品

活动效果

“阅名人，读家乡”读书节特别活动自推出以来，已经持续了两年，先后走进了包括社区、部队、企业在内的13个单位（其中有8所中小学），受益人数高达9000余人，引起了社会的广泛关注，获得了广大中小学师生的好评，也成了“书香镇江”的重要组成部分。镇江市文广新局官网、金山网、《镇江社会科学》学刊、民生频道、新闻频道等多家媒体进行了跟踪报道，获得了良好的社会反响。

活动走进镇江市第一外国语学校时，参与鲁迅作品话剧表演的指导老师表示，创造良好的读书氛围一直是学校的工作重点，但是将名人文化宣传与学生创作、演绎相结合的活动方式尚属首次，“活动形式十分新颖，学生的参与度也非常高，让孩子们真正地爱上读书，爱上博物馆”。参与活动的学生也表示，活动让“鲁迅的故事更加具体化”，也使他们觉得“读书更加有意思”。“阅名人，读家乡”特别活动是镇江博物馆顺应时代发展需要、深入贯彻精神文明建设的要求，也是将文化惠民落到实处、加强文化教育宣传的又一举措。

推广价值

无论是美国“不让任何一个孩子落在后面”的政策，还是联合国“阅读改变世界”的倡导，读书节都是推动人们养成读书习惯的世界性风潮。作为以传统文化教育为特色的地方性综合博物馆，镇江博物馆策划读书节相关的社会教育活动也是顺应时代发展潮流、提高人民科学文化水平的重要内容。

“阅名人，读家乡”特别活动的亮点在于，紧随社会发展方向，将博物馆特色教育与学校教育相结合，在“大众化”的基础上“私人订制”，根据中小学生的心理发展特点，策划出以“展览+讲座+作品创新演绎+艺术创作”的形式，激发孩子的参与兴趣，充分发挥孩子的潜能，让参与者在演绎名人生平、作品的同时，对自己的读书生活有所感悟，具有良好的可持续性、较强的拓展性和极大的推广价值。

同一片蓝天，同一个梦想

项目背景

未成年人特殊群体是一些需要他人帮助、支持甚至救援的人群，特别是残障儿童、贫困儿童、流动儿童及留守儿童更是一个需要给予特殊关爱和保护的群体。近年来，未成年人中的特殊群体在不断增大，他们中的一部分人难以得到良好的教育，这严重影响了他们身心的健康发展。童年应该是天真、无邪、快乐的，但对于这些儿童来说，这样的快乐是少有的。同样是祖国的花朵，他们也应该拥有和普通孩子一样的快乐。博物馆作为文化公益单位，将关爱特殊群体与社会教育活动紧密结合，帮助他们树立自信、自尊、自爱、自强的信念，让他们能感受到社会给予的关心与正能量，同时呼吁社会各界关注特殊儿童的成长和未来，让这些需要社会特殊关注的孩子们能有一个快乐的童年，让他们在同一片蓝天下健康成长。

策划理念

“大爱镇江”是镇江市委、市政府为加强精神文明建设、彰显城市特色、提升城市形象而开展的一项重要活动。镇江博物馆早在2005年就与镇江特教中心建立共建关系，设立手语工作站，培训手语志愿者，为到博物馆参观的聋哑人提供手语讲解服务。多年来，镇江博物馆关爱特殊儿童的活动已由单一的手语讲解发展成多种形式的活动。“同一片蓝天，同一个梦想”系列活动，通过主题参观、手绘T恤、爱心义卖、善款捐赠、亲子童谣诵读等形式，让更多人了解、尊重、关爱特殊儿童，让阳光注满孩子们的心田。

活动实施

◆ 活动目标

通过参观展厅，了解镇江地方历史文化内涵，在绘画、童谣诵读中培养孩子们的动手创作能力和语言表达能力，在亲子合作中让孩子懂得感恩，在义卖捐赠中传递爱心，弘扬“大爱镇江”的情怀。

◆ 活动准备

1. 确定合作单位：与镇江市文明办、镇江市妇女联合会等合作单位联系，就活动的主题性、公益性及双方要求等达成合作意向，确定活动事宜。

2. 筹备活动形式：根据镇江博物馆资源及活动策划内容与社会妈妈、周飞画室、青田工作室、镇江市特教中心等商讨活动形式和流程，筹备活动的实施。

3. 准备活动材料：丙烯颜料、画笔、T 恤、活动场地背景布置、电脑、投影仪、音响、音乐、彩排等。

◆ 活动板块

“同一片蓝天，同一个梦想”主题活动的实施具体分为 5 个阶段：手绘 T 恤、爱心义卖、亲子诵读、善款捐赠、手语讲解。为了扩大活动的影响力，镇江博物馆会同镇江市文明办、镇江市妇女联合会共同参与，让孩子们在“六一”节给特殊儿童也给自己送上了最美的礼物，传递“大爱镇江”的情怀。

一、小手绘大爱，“DIY”T 恤传真情

手绘 T 恤活动当天，在爸爸妈妈的陪同下，孩子们展示了丰富的想象力与创造力，创作的 T 恤色彩斑斓，一件件 T 恤传递着他们稚嫩的真情。

参与对象：小学生

活动地点：镇江博物馆大厅

活动内容：

（1）“六一”前夕双休日，参与活动的孩子与家长在博物馆大厅签到集合，社教人员介绍活动的具体内容和方式。

（2）展厅参观，寻找与绘画相关的文物，并记录下文物的信息。

（3）每个孩子领取白色T恤一件，用丙烯颜料，根据记录下的文物信息，发挥自己的想象，亲子合作创意T恤（图1）。

（4）志愿者将手绘T恤编号，准备义卖。

图1　手绘创作

二、亲子诵童谣，义卖献爱心

“六一”是孩子们的节日，在这个特殊的日子里，将手绘T恤在镇江博物馆进行义卖。义卖当天，亲子童谣诵读活动也在多功能厅举行，来自特教中心、幼儿园的小朋友们用自己稚嫩的童音，在自己的节日里诵出了美好的愿许。

参与对象：镇江市特教中心、中华路小学、青田美教创意美术工作室、周艺文化创作中心、贺家弄幼儿园、社会妈妈资助的孩子们及他们的社会妈妈

活动地点：镇江博物馆多功能厅

活动内容：

（1）活动前一天，确定主持人与主持词、节目彩排、义卖T恤编号。

（2）所有到会人员自行选择T恤，底价20元，上不封顶，选中后将编号交于志愿者登记，活动结束后带走T恤。

（3）镇江市妇联宣布镇江市亲子童谣诵读活动启动。

（4）贺家弄幼儿园童谣诵读、周艺亲子童谣、社会妈妈资助的特殊儿童诵读、中华路小学童谣表演、贺家弄幼儿园亲子表演、全场手语表演。

三、大爱无疆，童心无界

在“国际残疾人日”到来之际，镇江博物馆用义卖手绘T恤募集到的爱心资金购置了美术教具，赠送给特教中心的孩子。捐赠活动结束后，“小橘灯”手语志愿者为特教中心的孩子们提供了手语志愿讲解，让孩子们在无声的世界中享受到了别样的文化盛宴。

活动对象：镇江市特教中心学生

活动地点：镇江博物馆大厅

活动内容：

（1）活动现场手语同步翻译，让特教中心的聋哑孩子了解活动内容。

（2）镇江博物馆向特教中心捐赠美术教具，让他们绘制出自己心中的蓝天。

（3）“小橘灯”志愿者手语讲解。在志愿者的帮助下，让残障儿童“聆听”吴文化的历史知识，感知唐代金银器的精美……

活动效果

关爱特殊儿童主题活动从2005年开展以来不断完善，已由单一手语讲解发展为多种形式的活动，参与对象包括智障儿童、留守儿童、流动儿童、贫困儿童等多种特殊儿童群体，参与单位及社会团体有镇江市文明办、镇江市妇联、镇江市残联、镇江市关工委、文旅网、黄丝带、社会妈妈、“小橘灯”志愿者总站等，活动获得了社会的高度评价。地市级电视台、电台、报纸等媒体对博物馆教育活动多次报道，镇江博物馆也利用官方网站、微博、

微信等多渠道宣传，取得了良好的社会效益。

推广价值

1. 以特殊儿童为对象，具有针对性

特殊儿童区别于一般儿童，活动中充分考虑特殊儿童的心理及生理特征，在关爱的同时，突出同一个梦想。注重儿童在活动中的参与感，通过亲子的方式，让社会伸出友爱之手，不仅让特殊儿童，也让参与活动的每个家庭都能有所收获。活动举办以来，先后与市特教中心、京口区特教中心的残障儿童，大爱镇江联盟、社会妈妈组织的贫困儿童及留守儿童，外来务工子弟等群体开展多种形式的社会教育活动，充分体现了博物馆作为公共服务和社会教育机构的社会责任感，拓展了博物馆的社会教育职能。

2. 多方合作传递大爱，具有深度和广度

充分利用社会资源，与多家单位和社会组织合作，为活动提供了人员保障，为博物馆减轻了活动组织的压力，满足了孩子们更多的需求，促进了活动的可持续性开展。通过合作有效地调动各合作单位对特殊群体儿童的帮扶，扩大了活动的后续影响和意义。在宣传推广上，通过媒体的宣传报道，使活动在达到服务特殊儿童群体的同时，让更多的人加入到关注特殊儿童的队伍中来，向社会传播关爱、平等、互助、尊重的理念，从而延展活动的深度和广度。

3. 活动形式多样，具有延续性

“同一片蓝天，同一个梦想”主题活动，以关爱特殊儿童、共享一片蓝天为主题，通过手绘T恤、爱心义卖、善款捐赠、亲子诵读共度“六一”等系列活动，关爱特殊儿童群体，引起了社会的广泛关注。活动开展以来不断延伸，针对不同类型的特殊儿童，通过寻访、互动、体验等多种形式，让特殊儿童走进博物馆，给他们更多的展示机会，让他们在没有任何压力的状态下享受到博物馆的乐趣，共享教育资源，也给有爱心的志愿者深度参与服务的机会。活动中，感恩与奉献并存，孩子们参与活动的过程也是传递大爱的过程。该项目既具有独立性，又具有延续性。

我心中的油画世界

项目背景

2012年4月，由国台办主办，众多单位参与协办，镇江博物馆承办了“两地情，一家亲——台湾奇美博物馆艺术中的儿童形象”展览。这是海峡两岸文物艺术交流的一大盛事，开启了台湾地区民间博物馆与祖国大陆地方博物馆交流合作的先河，顺应了两岸同胞共享和传承文化艺术的需求，构建了两岸感情的新平台。镇江博物馆也是第一家与台湾奇美博物馆合作举办展览的地级市博物馆，这次的展览是以儿童为创作主题的名家名作，展览共展出以“儿童、家庭、亲情”为主题的油画、雕塑珍品65件，作品年代从文艺复兴时期到20世纪，具有很强的艺术观赏性和学术感染力。为更好地宣传展览、延伸展览，镇江博物馆设计了“我心中的油画世界”系列社教活动，本着“宣传、体验、分享”，让更多的家庭关注展览、关注艺术。

策划理念

1. 体验、重温家庭的温情和幸福

展览的每件作品都有其特色和历史背景，有庄严的圣母像、顽皮的天使群像、四处捣蛋的顽童、专注学习的小孩，也有流露出家庭温馨与亲情的图像，从这些作品中可见各种表情与动作的儿童群像，亦可体会不同时代艺术家的个人特性与文化历史背景。作品中孩童天真烂漫的艺术形象更是得到各年龄段观众的喜爱，生命的诞生带给人们希望与生生不息的生机和活力，当每位观众参观艺术作品、参加社教活动的时候，也是在体验、重温家庭的温情和幸福。

2. 针对各年龄段身心特点，量身定做

以“儿童、家庭、亲情”为主题，表达“我心中的油画世界”。根据不同的年龄段，在学龄前孩子中开展“寻找天使”的亲子活动；在小学生中推出“创意作文比赛”，孩子们用稚嫩的笔写出对父母、对家庭的爱，用彩笔描绘出幸福和温馨的一刻；对中学生开展“写生素描比赛”，采用现场比赛的方式，表现形式为素描，以展出的作品为素描对象，可对原作品进行素描表现，也可以是在原作基础上的素描改画；针对大学生开展的活动则是在高教工委的协助下，组织艺术学院学生开展油画临摹，采用现场比赛的方式，根据展出的作品进行创作，表现形式自定。

活动实施

◆ 活动目标

（1）培养敏锐的观察力、丰富的想象力。

针对学龄前儿童：通过“寻访天使”“宝贝画信”“宝贝模仿秀”及“天使宝贝亮绝活”等活动，让他们在看、画、动、演中轻松愉快地积累感觉印象，有助于儿童认知能力的发展和提高。

针对中小学生：不仅丰富了学生们的暑期生活，而且使他们感受了艺术的魅力，接受了艺术的滋养。

（2）培养丰富的情感，对艺术的感悟力。启发观众的智慧，提高他们的审美情趣。伟人的作品以艺术这一人类共同语言展示了人类精神，发掘了生活中的真善美，散发着不朽的魅力。

◆ 活动准备

（1）确定合作单位。主动与市政府办公室接洽联系行文，与镇江市教育局、镇江市妇女联合会等合作单位联系，就活动的主题性、公益性及双方要求等达成合作意向，确定系列活动的类型、规模。

（2）确立活动方案。根据系列活动制定各自活动方案、流程，责任到人，分工合作。

（3）准备活动材料。布置活动场地背景，准备电脑、投影仪、音响、音乐、颁奖证书，彩排颁奖典礼。

◆ 活动板块

一、“寻访奇美天使”

活动对象：3~6 岁儿童

活动地点：镇江博物馆展厅、多功能报告厅

“寻访奇美天使”亲子活动：社教人员通过讲述和肢体语言表现，使孩子们通过看和听，建立对展品的最初认识，通过寻访增加参观兴趣，让孩子们喜欢上艺术，喜欢上博物馆。

“宝贝画信 DIY”亲子活动（图 1）：孩子们通过对艺术品的认识，把自己的寻访感受用彩笔记录下来，随意在横幅上 DIY。

“宝贝模仿秀”：充分尊重孩子的选择，让他们挑选出自己最喜欢的油画或者雕塑作品，并做出与作品形似或神似的动作、表情，激发孩子的表现力、想象力和模仿能力。

“天使宝贝亮绝活”：通过表演展示孩子们的童真，发挥孩子们的表现力，让孩子们在玩耍和嬉戏中接触和感悟艺术。

图 1　宝贝画信 DIY

二、创意作文比赛、儿童画比赛

活动对象：小学生

活动地点：镇江博物馆展厅、各自学校

为丰富小学生的暑期生活，镇江博物馆组织假期社会实践活动，让孩子们在博物馆中感受艺术的魅力，接受艺术的滋养。参观结束后，请他们每人写一篇观后感，作为暑假必须完成的作业。另外，组织“创意作文比赛”（图 2）和“儿童画比赛”。作文比赛以“家庭、亲情”为主题，联合京口、润州区小学参与此项活动，各学校选出十篇优秀作文（图 3）；联合润州区少年宫组织“儿童画比赛”，小艺术家们在家长的陪同下，尽情在艺术中发挥想象。孩子们用稚嫩的笔写出对父母、对家庭的爱，用色彩描绘出幸福和温馨的一刻。

图 2　送选作文

图 3　作文评选

三、写生素描比赛

活动对象：中学生

活动地点：镇江博物馆青少年活动室、镇江博物馆展厅

在展览现场召开各校分管校长和美术老师会议。由镇江市美术教研室主任丁悦做“走出程式化的困境”的讲座。

比赛以现场观摩的方式进行，表现形式为素描，可对原作品进行素描表现，也可以是在原作基础上的素描改画（图 4、图 5）。

图 4　写生素描

图 5　参赛作品

四、油画、雕塑临摹

活动对象：在镇高校艺术系学生

活动地点：镇江博物馆展厅

大学组在高教工委的协助下，组织艺术学院学生开展油画临摹（图 6）。每所高校先在学校进行初赛，然后再选送选手进行现场比赛。形式自定，根据展出的作品进行临摹，实现与大师作品零距离对话。

图 6　现场临摹

活动效果

（1）“两地情，一家亲——台湾奇美博物馆艺术中的儿童形象”是镇江市政府 2012 年的一项重要文化交流项目，镇江博物馆与教育主管部门合作，针对未成年人的身心特点和实际需求，策划了融知识性、教育性、互动性于一体的社会教育项目。该项目下的系列活动与学校教育、家庭教育的有效缔结，不仅丰富了教师教育教学的内容和形式，也是课堂教育与社会教育的有效结合，通过社会实践的方式让更多的孩子走进博物馆，了解西方历史、文化与艺术。

（2）展示西方油画、雕塑艺术的魅力，更好地发挥博物馆的社会教育职能。通过高端专题特展丰富的资源为各年龄段提供优质服务、开展各种丰富多彩的活动也是镇江博物馆近年来新的尝试。在此次展览中，学龄前孩子的亲子活动、小学生的“创意作文比赛”

和“儿童画比赛”、中学生“写生素描比赛”，以及艺术学院学生开展的油画、雕塑临摹，在展览期间月月有活动，时时有焦点。当这些未来的艺术家们或坐或站，或蹲或趴在自己喜欢的作品前写生的时候，感染着每一位走进博物馆参观的观众，人们纷纷用相机、手机拍下了孩子们专注的神情。有观众感叹地说：这才是我们想看到的博物馆！

（3）在展览刚开始启动时，社教部即组织社教人员熟悉展品、整理讲解资料、培训讲解队伍，设计延伸的社会教育活动。针对每个年龄阶段设计不一样的活动，随着展览的逐步推进，多角度全方位地进行宣传。以家庭为单位到博物馆参观的观众在展厅随处可见，每到双休日，家长带着孩子排队等候已成为镇江博物馆门前一景。观展、涂鸦、领取礼品、模仿拍照让孩子们乐在其中。他们中以本地家庭居多，也有周边城市的家庭，说明活动的辐射面在不断扩大，各媒体的热点关注不断，社会反响良好。

推广价值

（1）“两地情，一家亲——台湾奇美博物馆艺术中的儿童形象”是祖国大陆地方博物馆与台湾地区民间博物馆的首次交流合作。随着系列活动的开展，进一步增进了两岸人民的情谊，围绕展品开展的各项活动也寓意着两岸文化生生不息。艺术品传达出崇高且永恒的美感，使得为期半年的展览与各项社教活动不断滋养着观众的心灵。

（2）奇美集团是较早投资镇江的台资企业，对文化艺术推广及两岸文化交流合作贡献很大。该项目下的一系列活动都以“奇美”命名，为活动的顺利开展提供了有力的保障。经济搭台，文化唱戏，为拓展社会教育活动开拓了新的途径。

（3）镇江博物馆建馆 50 多年来第一次依托临时特展，围绕主题设计系列社会教育活动，覆盖面广，参与人数多，为之后镇江博物馆社会教育活动的有效开展奠定了基础。